U0077600

華嚴十地經論

華嚴十地經論

目錄

華嚴十地經論序

侍中崔光製

十地經者。蓋是神覺之玄苑。靈慧之妙宅。億善之基輿。萬度之綱統。理包群藏之祕。義冠衆典之奧。積漸心行。窮忍學之源。崇廣住德。極道慧之府。所以厚集肇慮。朗成圓種。離怖首念。赫爲雷威。其爲教也。微密精遠。究淨照之宗。融治瑩練。盡性靈之妙。自寂場啓旭。固林輟暉。雖復聖訓充感。金言滿世。而淵猷沖賾。莫不網羅於其中矣。至于光宣眞軌。融暢玄門。始自信仁。終泯空寂。因果既周。化業彌顯。默耀大方。影煥八極。豈直日月麗天。洞燭千象。溟壑帶地。混納百川而已哉。既理富瀛岳。局言靡測。廓明洪旨。寔係淵儒。北天竺大士。婆藪槃豆。魏云天親。挺高悟於像運。拔英規於季俗。故能徽蹤馬鳴。繼跡龍樹。每恨此經文約而義豐。言邇而旨遠。乃超然遐慨。邈爾悠想。慕釋迦之餘範。追剛藏之遺軌。誠復歲踰五百。處非六天。人梵乖遼。正像差迥。而妙契寰中。神協靡外。通法貫玄。莫愧往烈。遂乃准傍大宗。爰製茲論。發趣精微。

根由睿哲。旨奧音殊。宣譯俟賢固以義囑中興。時憑聖代。大魏皇帝。俊神天凝。玄情漢遠。揚治風於宇縣之外。敷道化於千載之下。每以佛經爲遊心之場。釋典爲栖照之囿。搜隱訪缺。務乎炤揚。有教必申。無籍不備。以永平元年歲次玄枵四月上日。命三藏法師北天竺菩提留支。魏云道希。中天竺勒那摩提。魏云寶意。及傳譯沙門北天竺伏陀扇多。并義學緇儒一十餘人。在太極紫庭。譯出斯論十有餘卷。斯二三藏並以邁俗之量。高步道門。群藏淵部。罔不研攬。善會地情。妙盡論旨。皆手執梵文。口自敷唱。片辭隻說。辯詣蔑遺。于時皇上親紆玄藻。飛翰輪首。臣僚僧徒。毘贊下風。四年首夏。翻譯周訖。洋洋亹亹。莫得其門。義富趣玄。孰云窺測。剛藏妙說。更興於像世。天親玄旨。再光於季運。忝廁末筵。敢竊祇記。

十地經論初歡喜地第一　卷之一

天親菩薩造

後魏北印度三藏菩提流支等譯

說此法門者　及諸勸請法
分別義藏人　受持流通等
法門等最勝　頂禮解妙義
欲令法久住　自利利他故

十地法門。初地所攝八分。一序分。二三昧分。三加分。四起分。五本分。六請分。七說分。八挍量勝分。

經曰如是我聞。一時婆伽婆。成道未久第二七日。在他化自在天中自在天王宮摩尼寶藏殿。與大菩薩眾俱。一切不退轉。皆一生得阿耨多羅三藐三菩提。從他方佛世界俱來集會。此諸菩薩一切菩薩智慧境界悉得自在。一切如來智慧境界悉皆得入。勤行不息善能教化一切世間。隨時普示一切神通等事。於剎那中皆能成辦具足。不捨一切菩薩所起大願。於一切世一切劫一切國土常修一切諸菩薩行。具足菩薩福德智慧。如意神足而無窮盡。能爲一切而作饒益。能到一切菩薩智慧方便彼岸。能令衆生背世間道向涅槃門。不斷一切菩薩所行。善遊一切菩薩禪定解脫三昧神通明慧。諸所施爲善能示現。一切菩薩無作自在。如意神足皆悉已得。於一念頃能至十方諸佛大會。勸發諮請受持一切諸佛法輪。常以大心供養諸佛。常能修習諸大菩薩所行事業。其身普現無量世界。其音遍聞無所不至。其心通達明見三世。一切菩薩所有功德具足修習。如是諸菩薩摩訶薩功德無量無邊。於無數劫說不可盡。其名曰金剛藏菩薩。寶藏菩薩。蓮華藏菩薩。勝藏菩薩。蓮華勝藏菩薩。日藏菩薩。月藏菩薩。淨月藏菩薩。照一切世間莊嚴藏菩薩。智慧普照明藏菩薩。妙勝藏菩薩。栴檀勝藏菩薩。華勝藏菩薩。俱素摩勝藏菩薩。優鉢羅華勝藏菩薩。天勝藏菩薩。福德勝藏菩薩。無礙清淨智藏菩薩。功德藏菩薩。那羅延德藏菩薩。無垢藏菩薩。離垢藏菩薩。種種樂說莊嚴藏菩薩。大光明網照藏菩薩。淨明勝照威德王藏菩薩。大金山淨光明威德王藏菩薩。一切相莊嚴淨勝藏菩薩。金剛焰勝胸相莊嚴藏菩薩。焰熾藏菩薩。宿王光照藏菩薩。虛空庫無礙智藏菩薩。無礙妙音遠藏菩薩。陀羅尼功德持一切世間願藏菩薩。海莊嚴藏菩薩。須彌勝藏菩薩。淨一切功德藏菩薩。如來藏菩薩。佛勝藏菩薩。解脫月菩薩。如是等菩薩摩訶薩無量無邊阿僧祇。不可思議。不可稱。不可量。無有分齊不可說。不可說種種佛國土集。金剛藏菩薩。而爲上首。

論曰時處等挍量顯示勝故。此法勝故。在於初時及勝處說。此處宮殿等勝是名處勝。何故不色界說。此處感果故。何故不初七日說。思惟行因緣行故。本爲利他成道。何故七日思惟不說。顯示自樂大法樂故。何故顯己法樂。爲令衆生於如來所增長愛敬心故。復捨如是妙樂悲愍衆生爲說法故。何故唯行因緣行。是因緣行顯示不共法故。何故菩薩說此法門。爲令增長諸菩薩力故。何故唯金剛藏說。一切煩惱難壞。此法能破。善根堅實猶如金剛故。不異名說。何故名金剛藏。藏即名堅。其猶樹藏。又如懷孕在藏。是故堅如金剛。如金剛藏。是諸善根。一切餘善根中。其力最上猶如金剛。亦能生成人天道行。諸餘善根所不能壞故。名金剛藏。已說序分。次說三昧分。

經曰。爾時金剛藏菩薩摩訶薩。承佛威神。入菩薩大乘光明三昧。

論曰。入三昧者。顯示此法非思量境界故。已說三昧分。次說加分。

經曰。爾時金剛藏菩薩。入是菩薩大乘光明三昧。即時十方過十億佛土微塵數等諸佛世界。有十億佛土微塵數諸佛。皆現其身。同名金剛藏。是諸佛如是讚言。善哉善哉。金剛藏乃能入是菩薩大乘光明三昧。復次善男子。如是十方十億佛土微塵數等諸佛。皆同一號。加汝威神。此是盧舍那佛本願力故加。

論曰何故多佛加。顯法及法師。增長恭敬心故。何故同號金剛藏。加本願力故。何故如來作如是願。顯示多佛故。此三昧是法體。本行菩薩時皆名金剛藏。同說此法。今成正覺亦名金剛藏。故不異名加。又是菩薩聞諸如來同己名已增踊悅故。何故不言過無量世界。方便顯多佛故。何故定言十億佛土。爲說十地故。此經如是多說十數。彼佛先作是願。今復自加。後餘佛加故言盧舍那佛本願力故加。何故加。爲說此法故加。復云何加。

經曰又一切菩薩不可思議。諸佛法明說令入智慧地故。攝一切善根故。善分別選擇一切佛法故。廣知諸法故。善決定說諸法故。無分別智清淨不雜故。一切魔法不能染故。出世間法善根清淨故。得不可思議智境界故。乃至得一切智人智境界故。又得菩薩十地始終故。如實說菩薩十地差別方便故。念隨順一切佛法故。觀達分別無漏法故。善擇大智慧光明方便故。令入具足智門故。隨所住處正說無畏辯才明故。得大無礙智地故。憶念不忘菩提心故。教化成就一切眾生界故。得通達分別一切處法故。

論曰此二十句。依一切菩薩自利利他故加。如是初十句依自利行。後十句依利他行。是中一切菩薩者。謂住信行地。不可思議諸佛法者。是出世間道品。明者見智得證。說者於中分別。入者信樂得證。智慧地者謂十地智。如本分中說。此是根本入。如經又一切菩薩不可思議諸佛法明說令入智慧地故。此修多羅中說依根本入有九種入。一者攝入。聞慧中攝一切善根故。如經攝一切善根故。二者思議入。思慧於一切道品中智方便故。如經善分別選擇一切佛法故。三者法相入。彼彼義中無量種種知故。如經廣知諸法故。

四者教化入。隨所思義名字具足善說法故。如經善決定說諸法故。五者證入。於一切法平等智見道時中善清淨故。如經無分別智清淨不雜故。菩薩教化眾生即是自成佛法。是故利他亦名自利。六者不放逸入。於修道時中遠離一切煩惱障故。如經一切魔法不能染故。七者地地轉入。出世間道品無貪等善根淨故。如經出世間法善根清淨故。復有善根能爲出世間道品因故。八者菩薩盡入。於第十地中入一切如來祕密智故。如經得不可思議智境界故。九者佛盡入。於一切智入智故。如經乃至得一切智人智境界故。是諸入爲挍量智義差別次第轉勝。非根本入。一切所說十句中。皆有六種差別相門。此言說解釋應知除事。事者謂陰界入等。六種相者。謂總相別相。同相異相。成相壞相。總者是根本入。別相者餘九入。別依止本滿彼本故。同相者入故。異相者增相故。成相者略說故。壞相者廣說故。如世界成壞。餘一切十句中隨義類知。第二十句所謂得菩薩十地始終故。此根本始終。是中始者信欲親近等。終者念持諸地。復有阿含及證。如是次第依初相。應知依根本始終。有十種始終。一者攝始終。思慧智隨所聞義受持說故。如經如實說菩薩十地差別方便故。二者欲始終。令證一切佛法故。如經念隨順一切佛法故。三者行始終。觀分時中無漏道品分別修相覺故。如經觀達分別無漏法故。四者證始終。見道時中法無我智方便故。如經善擇大智慧光明方便故。是中善擇者擇中最勝。最勝者。法無我智故。大智慧者。過小乘故。光明者。對治無明故。此事中彼時中皆善知故。五者修道始終。出世間智智力得入法義故。如經令入具足智門故。此處菩薩於菩提有五種障。一者不能破諸邪論障。已說正義他言能壞。復眷屬離散。二者不能答難障。於他問中茫然無對。設有言說人不信受。三者樂著小乘障。自不能得大菩提。復捨利益眾生。四者化眾生懈怠障。於中捨利他行。不助他善。復自善根不增長故。五者無方便智障。不能善化眾生。復自菩提行不滿足故。對治是障有五始終。一者能破邪論障始終。隨彼所著顯己正義。對治邪執無畏辯才性不闇故。如經隨所住處正說無畏辯才明故。二者能善答難始終。證大無礙智地故。

如經得大無礙智地故。三者樂著小乘對治始終。大菩提願大菩提念不忘失故。如經憶念不忘菩提心故。四者化衆生懈怠對治始終。利益衆生無疲倦故。如經教化成就一切衆生界故。五者無方便智對治始終。於五明處通達分別故。如經通達分別一切處法故。已說何故加。復云何加。謂口意身加。云何口加。

經曰復次善男子。汝當辯說此諸法門差別方便法故。承諸佛神力如來智明加故。自善根清淨故。法界淨故。饒益衆生界故。法身智身故。正受一切佛位故。得一切世間最高大身故。過一切世間道故。出世間法道清淨故。得一切智人智滿足故。

論曰此十句中。辯才者。隨所得法義憶持不忘說故。諸法門者。謂十地法差別者。種種名相故。此法善巧成。是故名方便。依根本辯才有二種辯才。一者他力辯才。二者自力辯才。他力辯才者承佛神力故。云何承佛神力。如來智力不闇加故。如經承諸佛神力如來智明加故。自力辯才者有四種。一者有作善法淨辯才。如經自善根清淨故。二者無作法淨辯才。如經法界淨故。三者化衆生淨辯才。如經饒益衆生界故。四者身淨辯才。是身淨中顯三種盡。一者菩薩盡有二種利益。二者聲聞辟支佛不同盡。三者佛盡。菩薩盡者。法身離心意識唯智依止。如經法身智身故。二種利益者。現報利益。受佛位故。後報利益。摩醯首羅智處生故。如經正受一切佛位故。得一切世間最高大身故。二乘不同盡者。度五道復涅槃道淨故。如經過一切世間道故。出世間法道清淨故。佛盡者。入一切智智滿足故。如經得一切智人智滿足故。自力辯才挍量轉勝上上故。已說口加。云何意加。

經曰。爾時諸佛與金剛藏菩薩眞實無畏身。與無障礙樂說辯才。與善淨智差別入。與善憶念不忘加。與善決定意方便。與遍至一切智處。與諸佛不壞力。與如來無所畏不怯弱。與一切智人智無礙分別法正見。與一切如來善分別身口意莊嚴起故。

論曰此十句意加。無畏身者有二種。一者與無上勝威德身。如王處衆自在無畏。二者與辯才無畏身。前色身勝後名身勝。是名身有九種。一者不著辯才。說法不斷無滯礙故。如經與無障礙樂說辯才故。二者堪辯才。善淨堪智有四種。一者緣二者法三者作四者成。善知此義成不成相故。如經與善淨智差別入故。三者任放辯才。說不待次言辭不斷處處隨意不忘名義故。如經與善憶念不忘加故。是不忘加意力加故。四者能說辯才。隨所應度種種譬喻能斷疑故。如經與善決定意方便故。五者不雜辯才。三種同相智常現前故。如經與遍至一切智處故。六者教出辯才。得佛十力不壞於可度者令斷煩惱故。如經與諸佛不壞力故。七者不畏辯才。得佛決定無畏於他言說不怯弱故。如經與如來無所畏不怯弱故。八者無量辯才。於一切智隨順宣說修多羅等法六種正見故。如經與一切智人智無礙分別法正見故。九者同化辯才。得一切佛無畏身等三種教化隨所度者顯示殊勝三業神化故。

如經與一切如來善分別身口意莊嚴起故。又諸佛有力有慈悲。何故以十種無畏身唯加金剛藏而不加餘者。

經曰何以故。以得菩薩大乘光明三昧法故。亦是菩薩本願起故。善淨深心故。善淨智圓滿故。善集助道法故。善修本業故。念持無量法故。信解清淨光明法故。善得陀羅尼門不壞故。法界智印善印故。

論曰以是菩薩得大乘光明三昧法餘者不得故。得三昧法有二種。一者本願成就現前故。如經亦是菩薩本願起故。二者三昧身攝功德故。此三昧身攝功德有八種。依自利利他故。一者因淨。深心趣菩薩地盡清淨故。如經善淨深心故。深心者信樂等。復是一切善法根本故。二者智淨。趣菩薩地盡修道眞如觀智故。如經善淨智圓滿故。此眞如觀內智圓滿普照法界。猶如日輪光遍世界故。三者身轉淨。生生轉勝善行成滿故。如經善集助道法故。四者心調伏淨。善斷煩惱習故。如經善修本業故。五者聞攝淨。堪能受持一切如來所說祕密法故。如經念持無量法故。六者通淨。得勝通自在故。如經信解清淨光明法故。以決定信力攝取通故。七者辯才淨。善知陀羅尼門不相違故。如經善得陀羅尼門不壞故。於中所有初章字者是陀羅尼門。一一字門攝持無量名句字身故。不壞者前後不相違故。八者離慢淨。謂眞實智教授不異故。如經法界智印善印故。於中三昧身攝功德有四種依自利因。善淨深心故。善淨智圓滿故。善集助道法故。善修本業故。此修多羅中四句次第說。精進因。不忘因。勢力因。彼不染因。復依利他因有四種。念持無量法故。斷疑因。信解清淨光明法故。敬重因。以神通力示現不思議處。令諸見者決定信入故。善得陀羅尼門不壞故。轉法理因。法若壞時假餘尊法誦持故。法界智印善印故。教授出離因。如是化者得自利不忘故。已說意加。云何身加。摩頂覺故。

經曰爾時十方諸佛。不離本處以神通力皆申右手。善摩金剛藏菩薩摩訶薩頂。

論曰不離本處而摩此者。顯示殊勝神力。若來此處則非奇異。是如意通力非餘通等。已說加分。云何起分。

經曰諸佛摩金剛藏菩薩頂已。爾時金剛藏菩薩即從三昧起。

論曰即從三昧起者。以三昧事訖故。又得勝力。說時復至定無言說故。已說起分。云何本分。

經曰起三昧已告諸菩薩言。諸佛子。是諸菩薩願善決定無雜不可見。廣大如法界。究竟如虛空。盡未來際覆護一切衆生界。佛子。是諸菩薩乃能入過去諸佛智地。乃能入未來諸佛智地。乃能入現在諸佛智地。諸佛子。此菩薩十地是過去未來現在諸佛已說今說當說。我因是事故如是說。何等爲十。一名歡喜地。二名離垢地。三名明地。四名焰地。五名難勝地。六名現前地。七名遠行地。八名不動地。九名善慧地。十名法雲地。諸佛子。此菩薩十地過去未來現在諸佛已說今說當說。佛子。我不見有諸佛世界是諸如來不歎說此菩薩十地者。何以故。此是菩薩摩訶薩增上勝妙法故。亦是菩薩光明法門。所謂分別十地事。諸佛子。是事不可思議。所謂菩薩摩訶薩諸地智慧。

論曰何故不請而說。若不自說衆則不知爲說不說。又復不知欲說何法。願善決定者。如初地中說發菩提心即此本分中願應知。善決定者。眞實智攝故。善決定者。即是善決定。此已入初地。非信地所攝。此善決定有六種。一者觀相善決定。眞如觀一味相故。如經無雜故。二者眞實善決定。非一切世間境界出世間故。如經不可見故。三者勝善決定。大法界故。一切佛根本故。如經廣大如法界故。大勝高廣一體異名法相義故。一切法法爾故。復法界大眞如觀。勝諸凡夫二乘智等淨法法爾故。復法界大方便集地。謂說大乘法法爾故。復法界大白法界善法法爾故。四者因善決定有二種。一成無常愛果因善決定。是因如虛空。依是生諸色。色不盡故。如經究竟如虛空故。二常果因善決定得涅槃道。如經盡未來際故。五者大善決定。隨順作利益他行。如經覆護一切衆生界故。次前善決定。此願世間涅槃中非一向住故。六者不怯弱善決定。入一切諸佛智地不怯弱故。如經佛子是諸菩薩乃至入現在諸佛智地故。復此十地生成佛智住持故。如經諸佛子此菩薩十地是過去未來現在諸佛已說今說當說故。於中善決定者是總相。餘者是別相。同相者善決定。異相者別相故。成相者是略說。壞相者廣說故。如世界成壞。何故定說菩薩十地。對治十種障故。何者一障。一者凡夫我相障。二者邪行於衆生身等障。三者闇相於聞思修等諸法忘障。四者解法慢障。五者身淨我慢障。六者微煩惱習障。七者細相習障。八者於無相有行障。九者不能善利益衆生障。十者於諸法中不得自在障。何故十地初名歡喜。乃至十名法雲。成就無上自利利他行初證聖處多生歡喜故名歡喜地。離能起誤心犯戒煩惱垢等。清淨戒具足故名離垢地。隨聞思修等照法顯現故名明地。不忘煩惱薪智火能燒故名焰地。得出世間智方便善巧能度難度故名難勝地。般若波羅蜜行有間大智現前故名現前地。善修無相行功用究竟能過世間二乘出世間道故名遠行地。報行純熟無相無間故名不動地。無礙力說法成就利他行故名善慧地。得大法身具足自在故名法雲地。如是受法王位。猶如太子於諸王子而得自在。是處有微智障故不自在。對治此障故說佛地。又如懷孕在藏。菩薩十地亦復如是。以諸地有障故。如子生時。佛時亦爾。事究竟故。又如生時諸根覺了。佛亦如是。於一切境界智明了故。藏有十時。一者陀羅婆身時。二者捭羅婆身時。三者尸羅他身時。四者堅身時。五者形相似色身時。六者性相似身時。七者業動身時。八者滿足身時。於中有三種根滿足時。男女相別滿足時。廣長諸相滿足時。如是十時諸地相似故。佛子我不見有諸佛世界是諸如來不歎說此菩薩十地者。顯此勝法爲令時衆增渴仰故。佛世界者。於中成佛。喻如稻田。往作佛事者。亦名佛世界。歎說者。於中有二種。一者爲說阿含義。二者爲證入義。摩訶薩者。有三種大。一願大。二行大。三利益衆生大。勝妙法者。諸法門中最殊勝故。光明者。此大乘法顯照一切餘法門故。法門者。名爲法故。分別十地事者。顯示世間智所知法故。是事不可思議。所謂菩薩摩訶薩諸地智慧者。顯示出世間智故。此非世間分別地智能成菩薩清淨道故。已説本分。云何請分。

經曰。爾時金剛藏菩薩。説諸菩薩十地名已。默然而住。不復分別。是時一切菩薩衆聞説菩薩十地名已。咸皆渴仰欲聞解説。各作是念。何因何緣。是金剛藏菩薩説諸菩薩十地名已。默然而住不更解釋。時大菩薩衆中有菩薩名解脱月。知諸菩薩心深生疑已。即以偈頌問金剛藏菩薩曰。

何故淨覺人　念智功德具
説諸上妙地　有力不解釋
決定此一切　菩薩大名稱

何故說地名　而不演其義
此眾皆樂聞　佛子智無畏
如是諸地義　願爲分別說
此眾皆清淨　離懈怠嚴淨
安住堅固中　功德智具足
迭共相瞻住　一切咸恭敬
如蜂欲熟蜜　如渴思甘露

論曰何故默然住。欲令大眾渴仰請說故。復增菩薩尊敬法故。何故解脫月菩薩初請。彼眾上首故。餘問則亂眾調伏故。何故偈頌請。少字攝多義故諸讚歎者多以偈頌故。此五偈說何等義。顯示說者聽者無諸過故。若有過者則不應說。是中顯示說者淨覺無過故。復顯聽者同法決定故。有樂聞故復示餘者淨心故。又顯此眾皆堪聞法故。偈言迭共相瞻住故。云何歎說者。偈言。

何故淨覺人　念智功德具
說諸上妙地　有力不解釋

何故唯歎淨覺淨覺。是說因故。覺名覺觀。是口言行有淨說因何故不說。歎淨覺有二種。一攝對治。二離諸過。是中念智具者。攝對治故。所治有二種。一者雜覺。二者雜覺因憶想分別故。念者四念處。對治雜覺故。智者眞如無相智。對治雜覺因憶想分別故。餘者顯示離諸過。是過有三種。有三過者則不能說。何者爲三。一慳嫉。二說法懈怠。三不樂說。慳者其心悋法。嫉者忌他勝智。功德具者。不瞋等功德具。示無初過故。說上地者。示無第二過故。有力者。示無第三過故。如是二種淨覺歎說者已。次歎聽者。偈言。

決定此一切　菩薩大名稱
何故說地名　而不演其義

決定者。黠慧明了故。決定有三種。一上決定。願大菩提故。二名聞決定。他善敬重故。三攝受決定。彼說者善知故偈言。菩薩故。大名稱故。說地名故。如是次第應知。雖有決定堪受法器。心不欲聞。亦不得說。偈言。

此衆皆樂聞　佛子智無畏
如是諸地義　願爲分別說

決定者。是中有阿含決定非證決定。有非現前決定無現前決定。如是決定法器不滿足故不能聽受。示現此衆具足決定故能聽受。偈言。佛子智無畏故。智有二種。一證法故。二現受故。如是善知法器滿足請金剛藏。如是諸地義。願爲分別說。已歎同法衆決定樂聞功德。次復歎異衆偈言。

此衆皆清淨　離懈怠嚴淨
安住堅固中　功德智具足

清淨者不濁故。濁有六種。離此諸濁故言清淨。何者爲六。一不欲濁。二威儀濁。三蓋濁。四異想濁。妬勝心破壞心故。五不足功德濁。善根微少故。是故於彼說中心不樂住。六癡濁。謂愚闇等故。此對治有六種不濁。安住堅固者。於所說法修行堅固。如是次第相對。離懈怠者對不欲濁。嚴者對威儀濁。淨者對蓋濁。堅固者對異想濁。功德具者對不足功德濁。智具者對癡濁。此六句示現是二偈顯同生衆淨。次一偈顯異生衆淨。後一偈顯二衆清淨。偈言。

迭共相瞻住　一切咸恭敬
如蜂欲熟蜜　如渴思甘露

迭共相瞻者。示無雜染心故。咸恭敬者。示敬重法。非妒心故。下半偈喻敬法轉深。此偈迭共相瞻是總相。一切咸恭敬是別相。如是餘偈初句總相。餘句別相。同異成壞如上所說。偈曰。

大智無所畏　金剛藏聞已
欲令大衆悦　即時説頌曰

難第一希有　菩薩所行示
地事分別上　諸佛之根本
微難見離念　非心地難得
境界智無漏　若聞則迷悶
持心如金剛　深信佛智慧
心地無我智　能聞智微細
如彩畫虛空　如虛空風相
智如是分別　難見佛無漏
我念佛智慧　第一世難知
難信希有法　是故我默然

論曰此初偈中。欲令大眾悅是總正訓答相。訓答有二種。一堪訓答。二不怯弱訓答。偈言大智故。無所畏故。離不堪答。離不正答。此二示現自他無過故。何者是正答相。此法難說復難聞故。云何難說。偈言。

難第一希有　菩薩所行示
地事分別上　諸佛之根本

難者難得故。難有二種。一最難。二未曾有難。偈言第一故希有故。此二示現所說難。何者是難。偈言。菩薩所行示地事分別上。菩薩行者。是出世間智。示者。顯示故。地事者。謂諸地菩薩行事。分別上者。說勝故。何者菩薩行。偈言。諸佛之根本。佛者。覺佛智故。已說難說復說所以難。何者是難。彼菩薩行事義住不可如是說。云何彼義住。偈言。

微難見離念　非心地難得
境界智無漏　若聞則迷悶

此偈中。難得者是總。餘者是別。難得者難證故。是難得有四種。一微難得。二難見難得。三離念難得。四非心地難得。微難得者。非聞慧境界故。粗事不須思惟。難見難得者。非思慧境界故。離念難得者。非世間修慧境界故。示現三界心心數法分別。世間修道智非境界故。非心地難得者。示現報生善得修道智非境界故。此示現心境界者是心地此誰境界。偈言智境界。何者是智見實義故。何故非餘境界。無漏故。無漏者。出世間義。是義非世間智境界。如是甚深義。如是可解。如是不可說。若聞則迷悶者。云何迷悶。隨聞取著故。聞者即聞非是不聞。已辯難說。復顯難聞。偈言。

持心如金剛　深信佛智慧
心地無我智　能聞智微細

如金剛者。堅如金剛。堅有二種。一決定信堅。二證得堅。此三句示現堅者是總。餘者是別。云何深信佛智慧。唯佛所知。非我境界。佛菩提無邊。佛化衆生所說法門種種信故。何者是心地。云何無我智。心地者。隨心所受三界中報。又隨心所行一切境界亦名心地。無我智者有二種。我空法空。如實知故。能聞智微細者。難知。如是微細如前所說。復以譬喻顯微細義。偈言。

如彩畫虛空　如虛空風相
智如是分別　難見佛無漏

此偈示現如空中畫色如壁。是中不住故不可見。如空中風如樹葉。是中不住故不可見。此動作者。非不空中有是二事。如是虛空處事不可說處。是畫風如說。以非自性不可得見。是不住故。以其客故。非不於中有此言說。如是佛智言說顯示地挍量勝分別難見。畫者。喻名字句身。何以故。依相說故。風者以喻音聲。說者以此二事說。聽者以此二事聞。若如是可說。如是可聞。如是難見。何故不說。

我念佛智慧　第一世難知
難信希有法　是故我默然

難知者難證故。難信者難生決定心故。此偈示現有證有信可說可聞。世間難得證信故。我不說。

經曰爾時解脫月菩薩聞說此已。請金剛藏菩薩言。佛子。是大菩薩善淨眾集。善清淨深心。善清淨諸念。善集諸行多親近諸佛。善集助道法。具足無量功德。離癡疑悔無有染污。善住深心信於佛法中不隨他教。善哉佛子。敷演此義。是諸菩薩於是深法皆能證知。

論曰聖者解脫月何故復歎此眾。上言世間證信者難得。示現此眾有堪能故。善淨深心者是總。此善淨深心有二種。一阿含淨。二證淨。是阿含淨有五種。一者欲淨。隨所念阿含得方便念覺淨。如經善清淨諸念故。二者求淨。得隨順身口敬行。如經善集諸行故。三者受持淨。於無量世多聞憶持不謬故。如經多親近諸佛故。四者生得淨。願得上上生勝念勝。如經善集助道法故。五者行淨。求善證法習少欲頭陀等成就多功德。如經具足無量功德故。證淨者有四種。一者得淨。現智善決定故。如經離癡疑悔故。二者不行淨。修道中一切煩惱不行故。如經無有染污故。三者無厭足淨。不樂小乘得上勝悕望心。如經善住深心信故。深心者悕欲故。信者決定故。復念持彼功德故。四者不隨他教淨。趣盡道中自正行故。如經於佛法中不隨他教故。

經曰爾時金剛藏菩薩言。佛子。雖此菩薩眾善清淨深心。善清淨諸念。善集諸行。多親近諸佛。善集助道法。具足無量功德。離癡悔。無有染污。善住深心信於佛法中。不隨他教。其餘樂小法者。聞是甚深難思議事多生疑惑。是人長夜受諸無利衰惱。我愍此等。是故默然。

論曰是聖者金剛藏領彼解脫月菩薩所歎眾清淨功德已。於所說法中不見法器聞增疑惑。是故不說。於一法中有二種過。疑者正行相違猶豫義故。惑者心迷義故。能壞善法遠離善法故。如是顯示不受行因受行退因。

經曰爾時解脫月菩薩請金剛藏菩薩言。善哉佛子。重請此事。願承佛神力。善分別此不可思議法佛所護念事。令人易信解。所以者何。善說十地義。十方諸佛法應護念。一切菩薩護是智地勤行方便。何以故。此是菩薩最初所行成就一切諸佛法故。佛子。譬如一切書字數說。皆初章所攝。初章爲本。無有書字數說不入初章者。如是佛子。

十地者。是一切佛法之根本。菩薩具足行。是十地。能得一切智慧。是故佛子。願說此義。諸佛護念加以神力。令人信受不可破壞。

論曰聖者解脫月何故復重請。示彼疑惑此不可避。若不說者有多過咎。不得成就一切佛法故。以是義故重請金剛藏菩薩。若諸佛有力能令生信。何故眾生於彼法中猶起謗意。有二種定。一感報定。二作業定。此二種定。諸佛威力所不能轉。最初所行者。依阿含行故。成就一切佛法者。謂是證智。書者是字相。如嘶字師子形相等。字者噁阿等音。數者名句。此二是數義。說者是語。一切書字數說等。皆初章爲本。

經曰爾時諸菩薩眾。一時同聲以偈頌請金剛藏菩薩言。

上妙無垢智　堪無量義辯
演說美妙言　眞實義相應
念堅清淨慧　爲十力淨心

無礙分別義　說此十地法
定戒深正意　離我慢妄見
此眾無疑心　唯願聞善說
如渴思冷水　如飢思美食
如病思良藥　如眾蜂依蜜
我等亦如是　願聞甘露法
善哉清淨智　說勝地無垢
具十力無礙　盡說善逝道

論曰初偈歎證力辯才成就。第二偈上句歎阿含力辯才成就。以證力阿含力故能有所說。是故讚歎。上者是總。又復上者顯證力辯才勝故。歎辯才有三種。一眞實智。二體性。三者果。眞實智者是無漏智。勝聲聞緣覺智等。偈言妙無垢智故。體性者成就無量義辯才。偈言堪無量義辯故。果者字義成就。

復是滑利勝上字義成就。偈言演說美妙言眞實義相應故。第二偈上句歎阿含力。偈言。

念堅清淨慧　爲十力淨心
無礙分別義　說此十地法

念堅者受持顯說故。是菩薩於阿含中淨慧無疑故。如是歎證力阿含力已。次令聽者入證入阿含。是故請說。云何入證。已入地者令得佛力故。未入地者令得入地故。偈言爲十力故爲淨心故。云何爲入阿含。無礙分別義令受持十地法故。如是歎說者成就證力阿含力已。次復歎聽衆堪受阿含及證力故。偈言。

定戒深正意　離我慢妄見
是衆無疑心　唯願聞善說

此偈中唯願者是總。唯願有二種。一求阿含。二求正證。有二種妄想不堪聞阿含。一我二慢。以我慢故於法法師不生恭敬。復有二種妄想不堪得證。一見二疑。見者顚倒見故。疑者於不思議處不生信故。妄者謂妄想見中同使故。有二種對治堪聞阿含。一定二戒。定者心調伏故。戒者善住威儀故。次有二種對治堪能得證。一正見二正意。正見者善思義故。正意者得歡喜故。深者細意善思惟故。復以諸喻顯示大衆求法轉深。偈言。

如渴思冷水　如飢思美食
如病思良藥　如衆蜂依蜜
我等亦如是　願聞甘露法

此四喻者喻四種義門。示現正受彼所說義。何等爲四。一受持。二助力。三遠離。四安樂行。此義云何。如水不嚼隨得而飲。如是聞慧初聞即受隨聞受持。如食咀嚼身力助成。如是思慧嚼所聞法智力助成。如服良藥藥行除病。如是具聞思慧隨順正義如法修行。遠離一切煩惱習患。如蜜衆蜂所依樂行住處。如是聞思修慧果聖所依處。現法愛味受樂行故。如是讚歎說者聽者請說已。次歎所說法利益咸皆共請。偈言。

善哉清淨智　說勝地無垢
具十力無礙　盡說善逝道

善哉者。所說法中善具足故。善哉有三種。一所依。二體性。三果。所依者謂淨慧。體性者謂說諸地未曾說法。勝地者挍量勝。無垢者說不違義。違義說者有三種垢。一者倒說。二謗如來。三誑聞者。果者謂具十力無障礙佛菩提故。如是請已猶故不說。何故不說請不滿故。

十地經論初歡喜地第一　卷之一竟

十地經論初歡喜地第一　卷之二

天親菩薩　造

後魏北印度三藏菩提流支等譯

論曰此菩薩前同生衆上首請。次大衆請。復待諸佛法王加請。何以故。爲增敬重法故。

經曰爾時釋迦牟尼佛。從眉間白毫放菩薩力明光焰阿僧祇阿僧祇光以爲眷屬。放斯光已。普照十方諸佛世界靡不周遍。照已還住本處。三惡道苦皆得休息。一切魔宮隱蔽不現。悉照十方諸佛衆會。顯現如來境界不思議力。是光遍照十方世界。加一切如來所。加說法者及諸菩薩衆。於上虛空中成大光明雲網臺而住。彼十方諸佛亦復如是。從眉間白毫相放菩薩力明光焰阿僧祇阿僧祇光以爲眷屬。放斯光已。普照十方諸佛世界靡不週遍。照已還住本處。三惡道苦皆得休息。一切魔宮隱蔽不現。悉照十方諸佛眾會。顯現如來境界不思議力。是光遍照十方世界加一切如來所。加說法者及諸菩薩眾。顯現如來境界不思議力。并照釋迦牟尼佛大會之眾。及金剛藏菩薩身。於上虛空中亦復成大光明雲網臺而住。爾時釋迦牟尼佛從眉間放白毫光明。照彼十方世界諸佛大會諸菩薩身及師子座。此諸大眾皆悉現。見彼十方世界諸佛從眉間放白毫光明。照此三千大千娑婆世界釋迦牟尼佛大會。并金剛藏菩薩身及師子座。彼諸大眾皆悉現見。時大光明雲網臺中諸佛神力故。而說頌曰。

論曰何故如來現神通力放光同請。是如來前已意加未身口加異於餘佛。是故今欲具身口加。何故不以常口常身加。爲重法故。不輕自身故。此光有八種業。二種身。云何八種業。一者覺業。是光照諸菩薩身已。自覺如來力加。如經放菩薩力明光焰故。二者因業。阿僧祇光皆有無量光明眷屬。如經阿僧祇阿僧祇光以爲眷屬故。三者卷舒業。舒則遍至阿僧祇世界。卷則還入常光。如經放斯光已普照十方諸佛世界靡不周遍。照已還住本處故。四者止業。除滅一切惡道種種苦惱。如經三惡道苦皆得休息故。五者降伏業。令一切魔宮威光不現驚怖恐懼不能壞亂可化衆生。如經一切魔宮隱蔽不現故。六者敬業。現不思議佛神力故。如經悉照十方諸佛衆會顯現如來境界不思議力故。七者示現業。加十方世界諸佛所加菩薩大會令此衆見。如經是光遍照十方世界加一切如來所加說法者及諸菩薩衆故。八者請業。發聲說偈。如經時大光明雲網臺中諸佛神力而說頌曰故。云何二身。一如流星身往他方世界故。二如日身處於虛空。如經於上虛空中成大光明雲網臺而住故。於一切處一時遍照故。如是彼此諸衆生迭互相見。猶如一會聽說亦爾。是名身加。何者口加。偈曰。

諸佛無等等　功德如虛空
十力無畏等　無量諸衆首

釋迦姓法生　天人上作加
承諸佛神力　爲開法王藏
諸地上妙行　分別智地義
是諸如來加　護於諸菩薩
此人能聞持　如是微妙法
諸地淨無垢　漸次而滿足
證佛十種力　成無上菩提
雖在於大海　及劫盡火中
決定信無疑　必得聞此經
諸地勝智道　入地住展轉
漸次而演說　無量行境界

論曰是初二偈半顯能加者及加所爲。此二加示現何義故加。若請非尊者法非殊勝聖者則不說。云何初偈顯能加者。偈言天人上作加故。何者天人上。謂諸佛如來此有何義。法王義故。云何知彼是法王。成就四種勝故。一自在勝。二力勝。三眷屬勝。四種姓勝。何者諸佛自在勝。於煩惱障智障得解脫自在。彼於此處心智無礙隨意所受無上樂故。此云何知。偈言諸佛無等等故。謂一切智故。復如虛空世間法不能染。無明煩惱習氣滅故。無等者。諸佛比餘衆生彼非等故。等者此彼法身等故。何故不但說無等。示現等正覺故。何者諸佛力勝。具足十力故。能伏一切邪智壞魔怨故。此云何知。偈言十力無畏等故。何者諸佛眷屬勝。具攝菩薩聲聞諸衆故。此云何知。偈言無量諸衆首故。彼菩薩是初衆故。無量者阿僧祇故。諸衆首者。佛於世間最勝上故。何者佛種姓勝。謂家姓勝故。此云何知。偈言釋迦姓法生故。何故唯歎此佛種姓。以現見故。復以法爲家非但生家。法家者如法中住故。作加者是總相。加有二種。一具身加。依法身故。二具果加。證佛果故。天人上者亦總亦別。餘者唯別。云何第二偈顯加所爲。此菩薩彼諸佛法王。爲開現法藏義故加。偈言。

承諸佛神力　爲開法王藏
諸地上妙行　分別智地義

歎此法藏有二種。一義藏成就。二字藏成就。云何義藏。偈言諸地上妙行。行者諸菩薩行。所謂助道法故。妙者眞實智故。上者神力勝故。如是顯示深妙勝上故。云何字藏。偈言分別智地義。分別者說十地差別故。此偈中何故顯承佛神力說。或有衆生於如來所生輕慢想。自不能請他而說。爲遮此故。如是請說法已。次顯說法利他有三時益。於中有三偈。三時益者。一聞時益。二修行時益。三轉生時益。何者聞時益。偈言。

是諸如來加　護於諸菩薩
此人能聞持　如是微妙法

菩薩聞持者佛力加故。是名聞時益。何者修行時益。偈言。

諸地淨無垢　漸次而滿足

證佛十種力　成無上菩提

漸次滿十地自身得十力成無上菩提故。是名修行時益。何者轉生時益。偈言。

雖在於大海　及劫盡火中

決定信無疑　必得聞此經

惡道善道難處生必得聞此法。龍世界長壽亦得聞此經。偈言雖在於大海故。雖在色界光音天等亦得聞此經。偈言及劫盡火中故。聞此法者爲皆得利益有不得者不也。何者能得決定不疑。信此法者是人能得。偈言決定信無疑必得聞此經故。如是顯示請說利益已。上言分別智地義者。此所說法有三種漸次。第六偈教分別此事。偈言。

諸地勝智道　入地住展轉

漸次而演說　無量行境界

何者三漸次。一觀漸次。二證漸次。三修行漸次。第一第二第四句皆說漸次。勝智道者。謂十地勝智道。說此十地若觀若依止能生諸地智故。入者入地故。住者未轉向餘地故。展轉者地地轉所住處故。行者謂入住展轉成就故。境界者此行種種異行境界故。漸者次第故。說者授與故。如是教說何義故。顯一切因如來能有所說生後正信義故。

經曰。爾時金剛藏菩薩摩訶薩觀察十方。欲令大眾重增踊悅生正信故。以偈頌曰。

微難知聖道　非分別離念
難得無垢濁　智者智行處
自性常寂滅　不滅亦不生
自體本來空　有不二不盡
遠離於諸趣　等同涅槃相

非初非中後　非言辭所說
出過於三世　其相如虛空
定滅佛所行　言說不能及
地行亦如是　難說復難聞
離念及心道　智起佛境界
非陰界入說　心意所不及
如空中鳥跡　難說不可見
十地義如是　不可得說聞
我但說一分　慈悲及願力
漸次非心境　智滿如淨心
是境界難見　難說自心知
我承佛力說　咸共恭敬聽

如是智入行　億劫說不盡
今如是略說　如實滿足住
一心恭敬待　承佛力善說
說上法妙音　喻相應善字
是言說甚難　無量佛神力
光焰入我身　是力我能說

論曰何故觀察十方。示無我慢無偏心故。欲令大衆重增踊悅深生正信。是故說偈示說正地。增益聞者堪受義故。踊悅者心清不濁故。踊悅有二種。一義大踊悅爲得義故。二說大踊悅因此說大能得彼義故。是中前五偈顯義大踊悅。云何義大。彼義深故。何者深義。偈言。

微難知聖道　非分別離念

此偈依何義說。依智地故。云何知依智地。上來所說皆依智地。後復所說亦依智地．第四偈言智起佛境界故．微者云何微．偈言難知聖道故．云何難知．謂說時難知．復云何難知．大聖道難知．大聖者所謂諸佛．是故言微．道者是因．修行此道能到聖處故．言難知聖道．此微有二種．一說時甚微．二證時甚微．如是次第何故復難知．偈言非分別離念故．非分別者離分別境界故．離念者自體無念故．如是聖道名爲甚微．何故甚難得．難得者難證故．是名甚微．何故復甚難得．偈言．

難得無垢濁　智者智行處
自性常寂滅　不滅亦不生

無垢濁者．智中無無明故．有無明雜智是名爲濁．智者智行處者．自證知故．自證知者依彼生故．於中智者見實諦義故．復增上善解法故．增上善寂滅故．復有世間智隨聞明了知故．自性常寂滅者．自性離煩惱故．非先有染後時離故．不滅者非一往滅爲不捨利益衆生故．不生者出世間故．如是此智不住涅槃世間中故．如是觀行甚微依止甚微清淨甚微功德甚微故．言甚難得。於中第一甚微不同世間三昧故。第二第三不同外道自言尊者故。第四不同聲聞辟支佛故。於此偈中微者是總。二種微是別。復顯難得得時甚微是總。餘四種甚微是別。此甚微智復有何相。偈言。

自體本來空　有不二不盡
遠離於諸趣　等同涅槃相
非初非中後　非言詞所說
出過於三世　其相如虛空

是智相有二種。所謂同相不同相。是中同相者。云何相彼智相故。偈言自體本來空智自空故。云何同相一切諸法如說自體空。自體空者可如是取如兔角耶不也。可如是取異此空智更有異空耶不也。可如是取有彼此自體彼此轉滅耶不也。云何取此自體空。有不二不盡如是取。此句顯離三種空攝。一離謗攝二離異攝三離盡滅攝。有二種頌。一有不二不盡。二定不二不盡。此頌雖異。同明實有。若非實有不得言定。此云何定。此定能滅諸煩惱故是名同相。何者不同相。謂淨相解脫。此復有二種。一何處得解脫。二云何解脫。何處得解脫者。偈言遠離於諸趣。此顯諸道解脫遠離煩惱業生故。云何解脫者。偈言等同涅槃相。世間涅槃平等攝取故。非如聲聞一向背世間故。此智盡漏爲初智斷爲中爲後。非初智斷亦非中後。偈言非初非中後故。云何斷。如燈焰非唯初中後。前中後取故。如是解脫可同他音聲觀耶不也。云何觀。偈言非言辭所說離語言故。可同世間智依世間耶不也。云何依。偈言出過於三世。轉依止依止常身故。非如無常意識智依止無常因緣法。如修多羅中決定說此解脫可同聲聞緣覺智有障解脫得解脫耶不也。云何解脫。偈言其相如虛空無一切煩惱障礙故。如是觀智如是斷煩惱如是觀觀如是依止。依止如是解脫得解脫。如是說已。於中自體空是總。三種空是別。解脫是總。五種解脫是別。偈言。

定滅佛所行　言說不能及
地行亦如是　難說復難聞

此偈云何彼智已顯方便壞涅槃。復示性淨涅槃。偈言定滅故。定者成同相涅槃自性寂滅故。滅者成不同相方便壞涅槃。示現智緣滅故。此智是誰證。偈言佛所行故。誰說誰聽無說無聽。偈言言說不能及故。言說者。以音言導謂名句字身。何故不但說無言。示現依言求解故。彼智既如是。地行復何相。偈言地行亦如是難說復難聞。地者境界。觀行者智眷屬。智眷屬者謂同行。同行者謂檀等諸波羅蜜。何故復難說難聞。偈言。

離念及心道　智起佛境界

非陰界入說　心意所不及

此偈示現思慧及報生識智是則可說。此智非彼境界。以不同故。偈言智起佛境界故。如陰界入可說。此智不爾。離文字故。是故不可說。偈言非陰界入說故。非耳識所知非意識思量是故不可聞。偈言心意所不及故。智者是地。智起者以何觀以何同行能起此智。云何可證而不可說而不可聞。今復以喻證成此義。偈言。

如空中鳥跡　難說不可見
十地義如是　不可得說聞

此偈示何義。如鳥行空中。跡處不可說。相亦不可見。何以故。虛空處鳥跡相不可分別故。非無虛空行跡。如是鳥跡住處名句字身住處。菩薩地證智所攝。不可得說不可得聞。何以故。非如聲性故。非無地智名句字身。此中深故。示義大踊悅。何故我復說此。汝等不應如聲取義。隨聲取義有五種過。一不正信。二退勇猛。三誑他。四謗佛。五輕法。大衆自知無此五過已說深義。復顯說大令生正信。次說五偈。

我但說一分　慈悲及願力
漸次非心境　智滿如淨心
是境界難見　難說自心知
我承佛力說　咸共恭敬聽
如是智入行　億劫說不盡

今如是略說　如實滿足住
一心恭敬待　承佛力善說
說上法妙音　喻相應善字
是言說甚難　無量佛神力
光焰入我身　是力我能說

前言十地義如是不可得說聞。今言我但說一分。此言有何義。是地所攝有二種。一因分。二果分。說者謂解釋。一分者是因分於果分爲一分故。言我但說一分。此說大有三種。一因成就大。二因漸成就大。三教說修成就大。何者因成就大。偈言慈悲及願力故。慈者同與喜樂因果故。悲者同拔憂苦因果故。願者發心期大菩提故。此慈悲願長夜熏修不同二乘故。何者因漸成就大。偈言漸次故。漸者說聞思慧等次第。乃至能生出世間智因故。何者教說修成就大。有二種。一滿足修。二觀修。滿足修者偈言非心境故。非心境者。此句示現聞思慧等心境界處。唯是智因能生出世間智。而此不能滿彼出世間智地。偈言智滿如淨心故。如淨心者。如出世間清淨心。能滿彼地智故。觀修者偈言。

是境界難見　難說自心知

我承佛力說　咸共恭敬聽

此偈顯何義。是境界難見。自心清淨可見。此境界不可說。如是教說修成就已。於說法中有二種過。不能得證。一說者過。二聽者過。說者過有二種。一佛不隨喜說。二不平等說。聽者亦有二種過。一見諍過。我法是彼法非如是執著種種諸見。二於說法者不生恭敬。於中示現說者自身無過。我非諸佛不隨喜說。偈言我承佛力說咸聽故。次教聽者防二種過。偈言共恭敬聽故。如是次第如是許說。而衆未知廣說略說。不可廣說唯許略說。地義滿足。如第三偈說。

如是智入行　億劫說不盡

今如是略說　如實滿足住

智入者。此所說地法眾生以智入。云何入如實滿足攝取。入如行修故。如行修滿足故。示彼廣說義攝取故。住者如來家決定住故。我如是說前言恭敬聽不說云何恭敬是故示現。偈言。

一心恭敬待　承佛力善說
說上法妙音　喻相應善字

一心恭敬待者。有二種。一身正恭敬待。如威儀住堪受說法故。二心正恭敬待。如心決定堪能憶持故。此句勸誡二種恭敬待所謂身心故。善說者示己無諂無有憍慢故。承佛力者示己無增上慢故。下半偈說上法妙音喻相應善字。示現何事以何事云何事依止何事。示現何事者所謂上法。以何事者謂妙音聲。云何事者譬喻相應。依止何事者謂依止善字。我一切善說。又相應者譬喻共相應。善字者有二種相。一隨方言音善隨順故。二字句圓滿。不增不減與理相應故言善字。前言承佛神力。未說云何力。第五偈示現佛神力事。偈言。

是言說甚難　無量佛神力

光焰入我身　是力我能說

已說請分。自此以後正說初地。此說分中說何等事。分別有三。一住二釋名三安住。住中有四種。依何身爲何義以何因有何相。彼心生時即住初地。是名爲住。於中諸佛子善集善根故。如是等四十句說此住事。初說依何身生如是心。

經曰諸佛子。若有衆生厚集善根故。善集諸善行故。善集諸三昧行故。善供養諸佛故。善集清白法故。善知識善護故。善清淨心故。入深廣心故。信樂大法故。好求佛智慧故。現大慈悲故。如是衆生乃能發阿耨多羅三藐三菩提心。

論曰如是十句說依何身。此集有九種。一者行集善作眷屬持戒。如經善集諸善行故。二者定集善作眷屬三昧。如經善集諸三昧行故。三昧行者觀行增上故。三者親近集善習聞慧智。如經善供養諸佛故。四者聚集思慧智善思量波羅蜜等諸善法。如經善集清白法故。五者護集修行實證善得教授。如經善知識善護故。六者淨心集得出世間正智。如經善清淨心故。七者廣集深心作利益一切衆生。如經入深廣心故。八者信心集求一切智智。如經信樂大法好求佛智慧故。九者現集多行慈悲。如經現大慈悲故。於中慈念依苦苦壞苦悲依行苦。是中初二種集顯增上戒學增上定學。行集善作眷屬持戒故。定集善作眷屬三昧故。次有四集顯增上慧學。親近集善習聞慧智故。聚集思慧智善思量波羅蜜等諸善法故。護集修行實證善得教授故。淨心集得出世間正智故。後三集顯勝聲聞辟支佛等故。廣集深心作利益一切衆生故。信心集求一切智智故。現集多行慈悲故。此十句中厚集善根是總。餘九種是別。集者是同相。別者是異相。成者略說故。壞者廣說故。已說依何身生如是心。次說爲何義故生如是心。

經曰爲得佛智故。爲得十力力故。爲得大無畏故。爲得佛平等法故。

爲救一切世間故。爲淨大慈悲故。爲得十方無餘智故。爲得一切世界無障淨智故。爲得一念中覺三世事故。爲得轉大法輪無所畏故。菩薩摩訶薩生如是心。

論曰於中佛智者。謂無上智知斷證修故。此佛智有九種業差別。爲求彼故生如是心。一者力佛智問記業。此如來是處非處智力問記故。如修多羅中說。如經爲得十力力故。二者無畏佛智破邪說業。如經爲得大無畏故。三者平等佛智得人法無我教授衆生證入業。如經爲得佛平等法故。四者救佛智以四攝法化衆生業。如經爲救一切世間故。五者淨佛智是淨爲救攝因業。如經爲淨大慈悲故。六者無餘智佛智常以佛眼觀世間衆生業。如經爲得十方無餘智故。七者無染佛智一切世界無障無染自然應化令信作業。智心無礙。如經爲得一切世界無障淨智故。八者覺佛智於一念中知三世衆生心心數法業。如經爲得一念中覺三世事故。九者轉法輪佛智解脫方便善巧業故。於百億閻浮提同時轉大法輪。如經爲得轉大法輪無所畏故。生如是心者。即是本分中說諸佛子是菩薩願善決定故。何故唯言生心不言生智及餘心數法。心中即攝知斷證修一切助道法故。已說爲何義故生如是心。次說以何因生如是心。

經曰是心以大悲爲首。智慧增上方便善巧所攝。直心深心淳至。如來力無量。善決定眾生力智力。隨順自然智能受一切佛法。以智慧教化。廣大如法界。究竟如虛空盡未來際。

論曰此大悲爲首。於中悲大有九種。一者增上大細苦智增上生故。如經智慧增上故。智者因果逆順染淨觀故。慧者自相同相差別觀故。二者攝大救苦眾生方便善巧所攝。如經方便善巧所攝故。三者淳至大向時許乃至盡眾生界作利益眾生悲心增上。如經直心深心淳至故。四者無量大攝取如來無量力。如經如來力無量故。五者決定大上妙決定信深智勝對治。如經善決定衆生力智力故。六者隨順大隨順菩提正覺。如經隨順自然智故。七者正受大能取大勝法教授衆生。如經能受一切佛法以智慧教化故。八者最妙大攝受勝妙功德。如經廣大如法界故。九者住盡大無量愛果因盡涅槃際。如經究竟如虛空盡未來際故。已說以何因生如是心。次說是心生時有何等相。

經曰菩薩生如是心。即時過凡夫地入菩薩位生在佛家。種姓尊貴無可譏嫌。過一切世間道入出世間道。住菩薩法中住在菩薩正處。入三世眞如法中。如來種中。畢定究竟阿耨多羅三藐三菩提。菩薩住如是法名住菩薩歡喜地。以不動法故。

論曰過凡夫地者以過凡夫地故。示現得出世間聖道。此過有八種。一者入位過初成出世間心。如始住胎相似法故。如經入菩薩位故。二者家過家生相似法故。如經生在佛家故。三者種姓過子相似法大乘行生故。如經種姓尊貴無可譏嫌故。四者道過世間出世間道不攝攝故。異道生相似法故。如經過一切世間道入出世間道故。五者法體過以大悲爲體於作他事即是己事自身體相似法故。如經住菩薩法中故。六者處過不捨世間方便不染善巧住故。住處相似法故。如經住在菩薩正處故。七者業過順空聖智生命相似法故。如經入三世眞如法中故。八者畢定過佛種不斷究竟涅槃道成就相似法故。如經如來種中畢定究竟阿耨多羅三藐三菩提故。如是示現凡夫生菩薩生。入胎不相似。有煩惱無煩惱故。如是次第家不相似種姓不相似道不相似體不相似處不相似生業不相似成就不相似如是說住此地中是名爲住。如經菩薩住如是法名住菩薩歡喜地。以不動法故。已說住義次說釋名。云何說多歡喜。故示名歡喜。以何歡喜。此地中菩薩歡喜復以何念。初說十句後說二十句。

經曰諸佛子。是菩薩住菩薩歡喜地中。成就多歡喜多信敬多愛念多慶悅多調柔多踊躍多堪受多不壞他意多不惱衆生多不瞋恨。

論曰歡喜者名爲心喜體喜根喜。是歡喜有九種。一者敬歡喜於三寶中恭敬。故如經多信敬故。二者愛歡喜。樂觀眞如法。如經多愛念故。三者慶歡喜。自覺所證挍量勝。如經多慶悅故。四者調柔歡喜。自身心遍益成就。如經多調柔故。五者踊躍歡喜。自身心遍益增上滿足。如經多踊躍故。六者堪受歡喜。自見至菩提近。如經多堪受故。七者不壞歡喜。自心調伏論義解說時心不擾動。如經多不壞他意故。八者不惱歡喜。教化他攝取衆生時慈悲調柔。如經多不惱衆生故。九者不瞋歡喜。見諸衆生不如說修行威儀不正時忍不瞋故。如經多不瞋恨故。已說多歡喜。次說以何念故歡喜成是第二十句第三十句說。是念有二種。一念當得二念現得。何者念當得。

經曰諸佛子菩薩住是歡喜地中。念諸佛故生歡喜心。念諸佛法故生歡喜心。念諸菩薩摩訶薩故生歡喜心。念諸菩薩所行故生歡喜心。念諸波羅蜜清淨相故生歡喜心。念諸菩薩地挍量勝故生歡喜心。念諸菩薩力不退故生歡喜心。念諸如來教化法故生歡喜心。念能利益眾生故生歡喜心。念入一切如來智行故生歡喜心。

論曰云何念。如佛所得我亦當得。如是念。此念佛有九種。一者念佛法。如經念諸佛法故生歡喜心。二者念佛菩薩。如經念諸菩薩摩訶薩故生歡喜心。三者念佛行。如經念諸菩薩所行故生歡喜心。四者念佛淨。如經念諸波羅蜜清淨相故生歡喜心。五者念佛勝。如經念諸菩薩地挍量勝故生歡喜心。六者念佛不退。如經念諸菩薩力不退故生歡喜心。七者念佛教化。如經念諸如來教化法故生歡喜心。八者念佛利益。如經念能利益眾生故生歡喜心。九者念佛入如經念入一切如來智行故生歡喜心。於中初二念共念佛。如佛所得我亦當得故。念佛法念諸佛法故。佛佛法二故。念佛菩薩二念諸菩薩故。念佛行念諸菩薩行故。如是次第餘有六句。念佛淨念諸波羅蜜清淨相故。念佛勝念諸菩薩地挍量勝故。念佛不退念諸菩薩力不退故。念佛教化念諸如來教化法故。念佛利益念能利益眾生故。念佛入念入一切如來智行故。隨所顯彼菩薩行。以何顯如是諸念應知。復何顯彼波羅蜜淨。顯云何顯彼菩薩行地挍量勝轉去故。地盡去故於中餘者得教化法故。作利益衆生行不虛故。入如來地行故。是中念佛行者亦總亦別。已說念當得故生歡喜心。次說念現得故生歡喜心。

經曰諸佛子。菩薩復作是念。我轉離一切世間境界故生歡喜心。近入如來所故生歡喜心。遠離凡夫地故生歡喜心。近到智慧地故生歡喜心。斷一切惡道故生歡喜心。與一切衆生作依止故生歡喜心。近見一切諸佛故生歡喜心。生諸佛境界故生歡喜心。入一切菩薩眞如法故生歡喜心。我離一切怖畏毛竪等事故生歡喜心。

論曰我轉離一切世間境界者。轉離一切凡夫取著事。此轉離有九種。一者入轉離。如經近入如來所故生歡喜心。二者遠轉離。如經遠離凡夫地故生歡喜心。三者近至轉離。如經近到智慧地故生歡喜心。四者斷轉離。如經斷一切惡道故生歡喜心。五者依止轉離。如經與一切眾生作依止故生歡喜心。六者近見轉離。如經近見一切諸佛故生歡喜心。七者生轉離。如經生諸佛境界故生歡喜心。八者平等轉離。如經入一切菩薩眞如法故生歡喜心。九者捨轉離。如經我離一切怖畏毛竪等事故生歡喜心。於中入轉離者。顯事不相似故。遠轉離近至轉離者。示自身不相似故。餘有六句。斷轉離依止轉離近見轉離生轉離平等轉離捨轉離。如是次第行不相似故。迭相依止不相似故。他力不相似故。處不相似故。生業不相似故。成就不相似故。怖畏者不愛疑慮憂想共心想應故。復身相差別謂毛竪等事次說何者是怖畏。云何怖畏因。遠離此因無怖畏故。

經曰所以者。何是菩薩摩訶薩得歡喜地已。所有諸怖畏即皆遠離。所謂不活畏惡名畏死畏墮惡道畏大眾威德畏。離如是等一切諸畏。何以故。是菩薩離我想故尚不貪身。何況所用之事。是故無有不活畏。心不悕望供養恭敬。我應供養一切眾生供給一切所須之具。是故無有惡名畏。遠離我見無我想故無有死畏。又作是念。我若死已生必不離諸佛菩薩。是故無有墮惡道畏。我所志樂一切世間身心無與等者何況有勝。是故無有大眾威德畏。諸佛子菩薩如是離諸怖畏毛豎等事。

論曰此五怖畏是初地障。復說地利益勝。是五怖畏第一第二第五依身口意。第三第四依身。依身者愛憎善道惡道捨得依身故。何故但說五怖畏。打縛等諸畏皆五所攝故。此怖畏因略有二種。一邪智妄取想見愛著故。二善根微少故。此對治如經離我想故。尚不貪身乃至無有大衆威德畏故。怖畏毛豎等事。何故二處說。前說身怖畏。後說異身怖畏故。

經曰諸佛子。是菩薩以大悲爲首。深大心堅固轉復勤修一切善根成就故。

論曰深大心堅固者。煩惱小乘不能壞此觀故。轉復勤修一切善根成就者。諸所說善根此地攝受故。云何勤修。於中有三種成就。一信心成就二修行成就三迴向成就。有三十句示現。初十句說信心成就。

經曰所謂信心增上故。多恭敬故。信清淨故。多以信分別故。起悲愍心故。成就大慈故。心無疲懈故。以慚愧莊嚴故。成就忍辱安樂故。敬順諸佛教法信重尊貴故。

論曰信心增上者。隨所有事於中信增上成就。此信增上有九種。一者敬信增上尊敬三寶。如經多恭敬故。二者淨信增上自證眞淨智。如經信清淨故。三者分別信增上令他證淨智。如經多以信分別故。四者悲信增上。五者慈信增上教化衆生。如經起悲愍心故。成就大慈故。悲者除苦相決定救濟故。慈者與樂相永與無量樂故。起者轉復現前故。六者不疲惓信增上。教化無量衆生久處世間能利益故。如經心無疲懈故。七者慚愧信增上不著世間故。於慳等波羅蜜障法深慚愧故。如經以慚愧莊嚴故。八者安樂信增上於同法者不惱亂故。如經成就忍辱安樂故。九者敬法信增上增益敬信殊勝心故。如經敬順諸佛教法信重尊貴故。後三句示修何等行波羅蜜行故。誰爲等侶同事安樂故。入何法中謂諸佛教法故。如是信心成就。云何修行成就。

經曰日夜修集善根無厭足故。親近善知識故。常愛樂法故。求多聞無厭故。如所聞法正觀故。心不貪著故。不著利養名聞恭敬故。不求一切資生之物故。常生如寶心無厭足故。

論曰此十句說修行成就。云何修行成就。集諸善根無休息故。如經日夜修集善根無厭足故。此集有八種。一者親近集不忘諸法。如經親近善知識故。二者樂法集。於問答中論義解釋心喜心樂故。如經常愛樂法故。三者多聞集。如經求多聞無厭故。四者正觀集。如經如所聞法正觀故。五者不著集。如經心不貪著故。向說多聞集等三句。是聞思修慧如是次第。不著者於三昧中無愛著故。六者不貪集。七者不求集。於已得利養不貪。未得利養不求。障菩薩戒退菩薩戒。如經不著利養名聞恭敬故。不求一切資生之物故。八者如寶心集。出世間心念念現前。如經常生如寶心無厭足故。如是修行成就。云何迴向成就。

經曰求一切智地故。求諸佛力無畏不共法故。求諸波羅蜜無著法故。離諸諂曲故。如說能行故。常護實語故。不污諸佛家故。不捨菩薩戒故。不動如大山王生薩婆若心故。不捨一切世間事成就出世間道故。集助菩提分法無厭足故。常求上上勝道故。諸佛子菩薩摩訶薩成就如是淨治地法。名爲安住菩薩歡喜地。

論曰求一切智地等說何等事示現迴向成就故。求一切智地是總。求如來力等於一切智地是別。一者觀求一切智地。二者無障求一切智地。三者離求一切智地故。四者如說能行求一切智地。五者護求一切智地。六者不污求一切智地。七者不捨求一切智地。八者不動求一切智地。九者不捨成就求一切智地。十者集求一切智地。十一者常求一切智地。於中求何等事。求一切智地故。以何觀求。觀諸佛力無畏不共法故。云何求。求諸波羅蜜無著法故。此三求者是家依家無障求故。云何求求諸波羅蜜無著法故。此無障求差別異求於中檀波羅蜜有二種垢。一者諂曲見乞求者。詐設方便無心許與。二者不隨先言許而不與。對治是垢。如經離諸諂曲故。如說能行故。尸波羅蜜有一種垢。不護實語違本所受犯已覆藏。對治是垢。如經常護實語故。羼提波羅蜜有一種垢污如來家。云何菩薩污如來家。惱亂他業故。利益他業即是如來家。是故菩薩生此家者。惱亂他業非善事故。對治是垢。如經不污諸佛家故。毘梨耶波羅蜜有一種垢。菩薩戒無量劫數長遠難持難行生退轉心。對治是垢。如經不捨菩薩戒故。禪波羅蜜有二種垢。一者亂心。二不能調伏憶想分別。對治是垢。如經不動如大山王生薩婆若心故。般若波羅蜜有三種垢。一無善巧方便。世間涅槃一向不現現故。二不修集出出世間道故。三於勝上證法中願欲心薄故。如是次第對治是垢。如經不捨一切世間事成就出世間道故。集助菩提分法無厭足故。常求上上勝道故。如是迴向成就。是名勤行具足成就。是勤行有四種。一信二欲三精進四方便。初十句示現信增上成就。是信增上即攝受欲。第二十句。日夜修集善根無厭示現精進。第三十句。求一切智地示現方便故。是名此地說中安住。何以故。如經諸佛子菩薩摩訶薩成就如是淨治地法。名爲安住菩薩歡喜地故。如是說分訖。

十地經論初歡喜地第一　卷之二竟

十地經論初歡喜地第一　卷之三

天親菩薩造

後魏北印度三藏菩提流支等譯

論曰已顯說分。次說挍量勝分。云何挍量勝。菩薩住此地中。勝聲聞辟支佛故。挍量勝有三種。一願勝。二修行勝。三果利益勝。何者願勝。所謂十大願。

經曰菩薩如是安住菩薩歡喜地。發諸大願起如是大方便。如是大行成就。所謂無餘一切諸佛一切供養一切恭敬。故一切種具足上深信清淨。廣大如法界究竟如虛空。盡未來際盡一切劫數。一切佛成道數大供養恭敬無有休息。

論曰是初大願無餘者有三種。一者一切佛無餘。二者一切供養無餘。三者一切恭敬無餘。一切佛者有三種佛。一應身佛。二報身佛。三法身佛。一切供養者有三種供養。一者利養供養。謂衣服臥具等。二者恭敬供養。謂香花幡蓋等。三者行供養。謂修行信戒行等。一切恭敬者有三種恭敬。一給侍恭敬。二迎送恭敬。三修行恭敬。是故作願供養恭敬。如經所謂無餘一切諸佛一切供養一切恭敬故。一切種具足者。無量種種復有勝事等供養故。上深信清淨者。增上敬重故。願迴向菩提決定信故。廣大如法界者。一切餘善根中勝故。究竟如虛空者。無常愛果無量因故。盡未來際者。此因得涅槃常果故。一切劫數一切佛成道數大供養恭敬無有休息故。此初願中有六種大名爲大願。一者福田大。如經所謂無餘一切諸佛一切供養一切恭敬故。二者供事大。如經一切種具足故。三者心大。如經上深信清淨故。四者攝功德大。如經廣大如法界故。五者因大。如經究竟如虛空故。六者時大。如經盡未來際故。

經曰又發大願。所謂一切諸佛所說法輪皆悉受持故。攝受一切佛菩提故。一切諸佛所教化法皆悉守護故。廣大如法界究竟如虛空。

盡未來際盡一切劫數一切佛成道數攝護正法無有休息

論曰第二大願有三種法一切諸佛所說法輪皆悉受持者謂教法修多羅等書寫供養讀誦受持爲他演說故攝受一切佛菩提者所謂證法證三種佛菩提法攝受此證法教化轉授故一切諸佛所教化法皆悉守護者謂修行法於修行時有諸障難攝護救濟故復名三種成就一者於諸佛所說修多羅等阿含次第令法輪不斷成就故二者證三種正覺得證成就故三者修行乃至如實修行正覺成就故是名三種成就三種佛菩提者聲聞辟支佛亦名爲佛故

經曰又發大願所謂一切成佛無餘一切世界住處從兜率天來下入胎及在胎中初生時出家時成佛道時請轉法輪時示入大涅槃我於爾時盡往供養攝法爲首一切處一時成一時轉故廣大如法界究竟如虛空盡未來際盡一切劫數一切佛成道數盡往攝法無

有休息。

論曰第三大願。一切成佛無餘一切世界住處者。一切應佛無邊遍滿一切世界住處故。隨何等世界諸佛住處應感相順衆生見故。從兜率天來下乃至示入大涅槃。我於爾時盡往供養攝法爲首者。隨彼衆生供養佛方便。以如來所說攝法方便。集功德智慧助菩提法故。一切處一時成一時轉者示非前後故。何故示現彼處住。不在色無色處。此難處來不爲我故。起於輕心不生恭敬。爲遮此等故。何故不住他化自在天等。如來有力能勝處生捨而不生。爲念衆生故來生兜率。如是生大恭敬心故。何故人中捨上天樂愍我等故。來生人中生增上敬重心故。何故處胎示現同生增長力故。何故自成正覺。示非餘佛教化現丈夫力。成就非因他得菩提故。何故示入大涅槃。爲令懈怠衆生勤心修道故。

經曰又發大願。所謂一切菩薩所行廣大無量不雜諸波羅蜜所攝。

諸地所淨生諸助道法。總相別相同相異相成相壞相。說一切菩薩所行如實地道。及諸波羅蜜方便業。教化一切令其受行心得增長故。廣大如法界究竟如虛空。盡未來際盡一切劫數行數增長無有休息。

論曰第四大願心得增長者。以何等行令心增長。一切菩薩所行教化一切令其受行心得增長故。彼菩薩行有四種。一種種二體三業四方便。以此四種教化令其受行。何者是菩薩行種種世間行有三種。廣者從初地乃至六地。大者七地。無量者從八地乃至十地。不雜者法無我平等觀出世間智故。如經一切菩薩所行廣大無量不雜故。體者如經諸波羅蜜所攝故。業者如經諸地所淨生諸助道法故。方便者如經總相別相同相異相成相壞相故。說一切菩薩所行如實地道及諸波羅蜜方便業故。

經曰又發大願。所謂無餘一切眾生界。有色無色有想無想非無想非想非非想。卵生胎生濕生化生。三界所繫雜入六道一切生處名色所攝。爲教化成就一切衆生界令信入諸佛法故。斷一切世間數道故。令住一切智智處故。廣大如法界究竟如虛空。盡未來際盡一切劫數一切衆生界數。教化一切衆生無有休息。

論曰第五大願教化衆生故。何者是衆生爲何義故。化一切衆生有六種差別。一麤細差別。二生依止差別。三不淨淨處差別。四苦樂差別。五自業差別。六自體差別。何者麤細差別。麤者有色細者無色。色中麤者有想細者無想。無色中麤者非無想細者非想非非想。是名麤細差別。如經有色無色有想無想非無想非想非非想故。生依止差別者。如經卵生胎生濕生化生故。化生者云何依止依止業生故。不淨淨處差別者。如經三界所繫故。苦樂差別者。種種身故。如經雜入六道故。自業差別者如經一切生處故。自體差別者。如經名色所攝故。是名衆生。爲何義化者爲三義故。一者爲信入諸佛所說法中。如經爲教化成就一切衆生界令信入諸佛法故。二者已入佛法中令入二乘菩提故。如經斷一切世間數道故。三者已入二乘菩提令入無上菩提故。如經令住一切智智處故。

經曰。又發大願。所謂無餘一切世界廣大無量。麤細亂住倒住正住如帝網差別。十方世界無量差別入皆現前知故。廣大如法界究竟如虛空。盡未來際盡一切劫數一切世界數。信入無有休息。

論曰。第六大願。無餘一切世界者有三種相。隨入如是世界智皆現前知。一者一切相。二者眞實義相。三者無量相。一切相者。如經廣大無量乃至正住故。廣大無量者一千世界二千世界三千世界故。細者隨何等世界意識身故。麤者隨何等世界意色身故。亂住者非次第住故。倒住者不造舍宅住故。正住者造舍宅住故。是名一切相。如帝網差別者。眞實義相故。如業幻作故。無量相者。十方世界無量差別入故。無量相故。眞實義相者。唯智能知。餘相者可現見故。

經曰又發大願。所謂一切佛土一佛土。一佛土一切佛土。一切國土平等清淨。一切佛土神通莊嚴光相具足。離一切煩惱成就清淨道。有無量智慧眾生悉滿其中。入佛上妙平等境界故。隨諸眾生心之所樂而爲示現故。廣大如法界究竟如虛空。盡未來際盡一切劫數佛國土數。清淨一切佛土無有休息。

論曰第七大願。淨佛國土相有七種。一者同體淨。如經一切佛土一佛土一佛土一切佛土故。二者自在淨。如經一切國土平等清淨故。三者莊嚴淨。如經一切佛土神通莊嚴光相具足故。光明莊嚴眾寶等莊嚴故。四者受用淨。如經離一切煩惱成就清淨道故。五者住處衆生淨。如經有無量智慧衆生悉滿其中故。六者因淨。如經入佛上妙平等境界故。七者果淨。如經隨諸衆生心之所樂而爲示現故。顯智神力等故。

經曰又發大願所謂一切菩薩同心同行故共集善根無怨嫉故一切菩薩平等一觀故常親近諸佛菩薩不捨離故隨意能現佛身故自於心中悉能解知諸佛神力智力故得不退隨意神通故悉能遊行一切世界故一切佛會皆現身相故一切生處普生其中故成就不可思議大乘故具足行菩薩行故廣大如法界究竟如虛空盡未來際盡一切劫數一切行數入大乘道無有休息

論曰第八大願不念餘乘故如經一切菩薩同心同行故菩薩行有十種一者共集善根無怨嫉故二者一切菩薩平等一觀故三者常親近諸佛菩薩不捨離故四者隨意能現佛身故五者自於心中悉能解知諸佛神力智力故六者得不退隨意神通故七者悉能遊行一切世界故八者一切佛會皆現身相故九者一切生處普生其中故十者成就不可思議大乘故具足行菩薩行故於中初句顯功德行故第二住寂靜等觀故第三聚集解說論佛

法故。第四隨心示現成佛故。第五自發勝心念如來法身故。第六得常不退神通故。餘四者以通業得名。一往餘世界。二自餘異身示現。三同生往故。四入不可思議大乘故。

經曰又發大願。所謂乘不退輪行菩薩行故。身口意業所作不空。眾生見者即必定佛法故。聞我音聲即得眞實智慧故。心喜恭敬即斷煩惱故。得如藥樹王身故。得如如意寶身故。行大菩薩行故。廣大如法界究竟如虛空。盡未來際盡一切劫數一切行數。所作利益不空無有休息。

論曰第九大願顯不空行菩薩行。復行菩薩行。顯乘不退輪行菩薩行故。於中不空有二種。一作業必定不空。身口意業所作不空故。如是次第三句說應知。眾生見者即必定佛法故者。明身業不空。聞我音聲即得眞實智慧者。明口業不空。心喜恭敬即斷煩惱者。明意業不空。二作利益不空。一切眾生有二種苦。一種種諸苦。二貧窮苦。對治是二。如經得如藥樹王身故。得如如意寶身故。

經曰又發大願。所謂於一切世界處成阿耨多羅三藐三菩提故。於一凡夫道不離一切凡夫道處。示身初生坐道場成佛道轉法輪度衆生。示大涅槃。現諸佛境界大神通智力。隨一切衆生界所應度者於念念中示得佛道度諸衆生滅苦惱故。以一三菩提遍知一切法如涅槃性故。以一音說令一切衆生心皆歡喜故。示大涅槃而不斷菩薩所行故。示大智慧地發起一切法故。法智通如意神通幻通遍一切世界故。廣大如法界究竟如虛空。盡未來際盡一切劫數成三菩提數。求大智慧大神通等。無有休息。諸佛子菩薩如是安住菩薩歡喜地。發諸大願起如是大方便。如是大行以十願門爲首生如是等。滿足十百千萬阿僧祇大願。是菩薩住菩薩歡喜地。起如是等願。

論曰第十大願起大乘行。云何大菩提。云何作業。大菩提者。如經成阿耨多羅三藐三菩提故。作業者有七種。一示正覺業。二說實諦業。三證教化業。四種種說法業。五不斷佛種業。六法輪復住業。七自在業。初業者於一凡夫道不離一切凡夫道處乃至示大涅槃故。一凡夫道者。一閻浮提義。閻浮提凡夫道者。可化衆生住處名爲凡夫道。第二業者。現諸佛境界大神通智力故。隨一切衆生界所應度者。於念念中示得佛道度諸衆生滅苦惱故。隨諸世界一切可化者隨心示現佛身。示現佛身者。除諸難處彼彼勝處生。示除苦斷集證滅修道。第三業者。以一三菩提觀法無我一切法性淨涅槃令衆生信解故。第四業者。以一音聲隨種種信解可化衆生一時皆令心歡喜故。第五業者。示現大涅槃而不斷菩薩所行力故。第六業者。復佛智地一切修多羅等。所說法軌則不失故。第七業法智通者。觀一切法無性相故。如意神通者。自身現生住滅脩短隨心自在故。幻通者。轉變外事無不隨意故。初法智通不住世間故。如意神通幻通不住涅槃故。何故唯說此十大願。初願功德行滿足故。第二願智慧行滿足故。次五願爲教化衆生故。一以何身。二以何心。三何者衆生。四衆生住何處。五自身住何處能教化衆生。後三願顯自身。一得地挍量勝故。二得菩薩地盡挍量勝故。三得一切地盡究竟故。此三示現如實教化衆生故。發諸大願者。隨心求義故。起如是大方便者。成彼所作方便勇猛故。如是大行者。彼所作行成就故。菩薩住此地漸次久習起此三行非一時故。何以故。此十大願一一願中有百千萬阿僧祇大願以爲眷屬故。如經諸佛子菩薩如是安住菩薩歡喜地發諸大願。起如是大方便如是大行。以十願門爲首。生如是等滿足十百千萬阿僧祇大願是菩薩住菩薩歡喜地起如是等願故。何故名大願。光明善根轉勝增廣故。此挍量菩薩願勝有二種。勝聲聞辟支佛。一常勤修習無量行故。二與一切衆生同行故。同行者十盡句示現。

經曰以十盡句成諸大願。何等爲十。所謂一衆生界盡。二世界盡。三虛空界盡。四法界盡。五涅槃界盡。六佛出世界盡。七如來智界盡。八心所緣界盡。九佛境界智入界盡。十世間轉法轉智轉界盡。如眾生界盡我願乃盡。如世界盡。如虛空界盡。如法界盡。如涅槃界盡。如佛出世界盡。如佛智界盡。如心所緣界盡。如佛境界智入界盡。如世間轉法轉智轉界盡。若彼界盡我願乃盡。如是眾生界盡不盡。我此善根亦不可盡。世界盡不盡。虛空界盡不盡。法界盡不盡。涅槃界盡不盡。佛出世界盡不盡。如來智界盡不盡。心所緣界盡不盡。佛境界智入界盡不盡。世間轉法轉智轉界盡不盡。我此諸願善根亦不可盡。

論曰於中眾生界盡是總。世界盡乃至智轉界盡是別。何等是眾生界眾生界盡故。何處住世界盡故。所有虛空界虛空界盡故。說何法教化法界盡故。隨化眾生置何處涅槃界盡故。佛出世界盡故。以何方便善巧如來智界盡故。復隨所緣心緣界盡故。復隨以何界佛境界智入界盡故。此事已說。盡者示現不斷盡。非念念盡故。此九種盡略說三種。三轉示現此十盡句增上力故。諸佛以此力常爲衆生作利益故。如是已說願挍量勝。云何行挍量勝。

經曰諸佛子。菩薩決定發如是諸大願已。則得調順心柔軟心。如是則成信者。信諸佛如來本所行入。集諸波羅蜜而得增長。善成就諸地具足無畏力不共佛法不壞故。不可思議佛法無中無邊。如來境界起無量行門諸如來境界入。信成就果。擧要言之。信一切菩薩行。乃至得如來智地說加故。

論曰發如是諸大願已。則得調順心者。彼諸善根中得自在勝故。柔軟心者得勝樂行故。如是則成信者。於中本行入者。從菩薩行入乃至成菩提覺故。於中信菩薩行所攝本行入有二種相。一云何菩薩行。二云何次第成。如經集諸波羅蜜而得增長故。善成就諸地故。此菩提所攝本行入有六種勝。是故信勝。一者外道魔怨聲聞緣覺對治等勝。如經具足無畏力不共佛法不壞故。二者不思議神通力上勝。如經不可思議佛法故。三者不雜染勝。如經無中無邊如來境界起故。四者一切種智勝。如經無量行門諸如來境界入故。五者離勝。一切煩惱習常遠離故。如經信成就果故。復略說彼菩薩本行入示現。如經舉要言之信一切菩薩行乃至得如來智地說加故。說者所說。加者得證故。此菩薩三種觀於諸衆生起大慈悲。一遠離最上第一義樂。二具足諸苦。三於彼二顛倒。云何遠離最上第一義樂。

經曰諸佛子。彼菩薩作是念。諸佛正法如是甚深。如是寂靜。如是寂滅。如是空。如是無相。如是無願。如是無染。如是無量。如是上。此諸佛法如是難得。

論曰諸佛正法如是甚深者有九種。一寂靜甚深。二寂滅甚深。三空甚深。四無相甚深。五無願甚深。六無染甚深。七無量甚深。八上甚深。九難得甚深。寂靜者離妄計實有故。妄計正取故。寂滅者法義定故。空無相無願者。三障對治解脫門觀故。何者三障。一分別二相三取。捨願故。無染者離雜染法觀故。

無量者不可算數不可思量生善根觀故。上者依自利利他增上智觀故。難得者三阿僧祇劫證智觀故。云何具足諸苦。

經曰而諸凡夫心墮邪見。爲無明癡闇蔽其意識。常立憍慢幢墮在念欲渴愛網中。隨順諂曲林常懷嫉妬而作後身生處因緣。多集貪欲瞋癡。起諸業行。嫌恨猛風吹罪心火常令熾燃。有所作業皆與顛倒相應。隨順欲漏有漏無明漏。相續起心意識種子。

論曰而諸凡夫心墮邪見者。邪見有九種。　者蔽意邪見。如經爲無明癡闇蔽其意識故。二者憍慢邪見。如經常立憍慢幢故。三者愛念邪見。如經墮在念欲渴愛網中故。四者諂曲心邪見。如經隨順諂曲林故。五者嫉妬行邪見。如經常懷嫉妬而作後身生處因緣故。六者集業邪見。如經多集貪欲瞋癡起諸業行故。七者吹心熾燃邪見。如經嫌恨猛風吹罪心火常令熾燃故。八者起業邪見。如經有所作業皆與顛倒相應故。九者心意識種子邪見。如經隨順欲漏有漏無明漏相續起心意識種子故。是中蔽意邪見憍慢邪見愛念邪見。此三邪見依法義妄計如是次第。諂曲心邪見嫉妬行邪見。此二邪見於追求時心行過故。嫉者於身起邪行故。妬者於資財等。是故生生之處墮卑賤中。形貌鄙陋資生不足故。第六集業邪見。受諸受時憎愛彼二顛倒境界故。第七吹心熾燃邪見。於怨恨時互相追念欲起報惡業故。第八起業邪見。於作惡時迭相加害故。第九心意識種子邪見。於作善業時所有布施持戒修行善根等業皆是有漏故。

經曰於三界地復有芽生。所謂名色共生。不離此名色增長已成六入聚。成六入已。內外相對生觸。觸因緣故生受。深樂受故生渴愛。渴愛增長故生取。取增長故復起後有。有因緣故有生老死憂悲苦惱。如是眾生生長苦聚。是中皆空離我我所。無知無覺如草木石壁又亦如響。然諸眾生不知不覺而受苦惱。

論曰是中因緣有三種。一自相從復有芽生。乃至於有。二同相謂生老病死等過。三顛倒相離我我所等。自相者有三種。一者報相。名色共阿黎耶識生。如經於三界地復有芽生。所謂名色共生故。名色共生者。名色共彼生故。二者彼因相。是名色不離彼依彼共生故。如經不離故。三者彼果次第相。從六入乃至於有。如經此名色增長已成六入聚。成六入已內外相對生觸。觸因緣故生受。深樂受故生渴愛。渴愛增長故生取。取增長故復起後有。有因緣故有生老死憂悲苦惱。如是衆生生長苦聚故。是中離我我所者。此二示現空。無知無覺者。自體無我故。彼無知無覺示非衆生數動不動事。如經如草木石壁又亦如響故。因緣相似相類法故。云何於彼二顛倒。如經然諸衆生不知不覺而受苦惱故。

經曰菩薩如是見諸眾生不離苦聚。是故即生大悲智慧。是諸眾生我應教化令住涅槃畢竟之樂。是故即生大慈智慧。

論曰云何具諸苦聚。云何遠離最上第一義樂。此先已說。示現大悲慈等故。

經曰諸佛子。菩薩摩訶薩。隨順如是大慈悲法住在初地。以深妙心於一切物無所悋惜。以智求佛大妙智故。修行大捨。即時所有可施之物皆悉能捨。所謂一切財穀庫藏等捨。或以金銀摩尼眞珠琉璃珂貝車渠馬瑙生金等捨。或以寶莊嚴具瓔珞等捨或以象馬車乘輦輿等捨。或以寺舍園林樓觀流泉浴地等捨。或以奴婢僮僕等捨。或以國土聚落城邑王都等捨。或以妻子男女等捨。或以一切所愛之事皆悉能捨。或以頭目耳鼻支節手足一切身分等捨。如是一切可捨之物而不貪惜。唯求無上佛智慧故。而行大捨。如是菩薩摩訶薩住於初地能成大捨。

論曰即時所有可施之物皆悉能捨者求佛無上大妙智故。是中一切物者。略有二種。一外二內。外者復有二種。一所用二貯積。如經所謂一切財穀庫藏等故。如是次第於中廣有八種。從金銀等乃至一切所愛之事。內者自身所攝。是外事捨中。初捨是總。餘九捨是別。依二種喜。一藏攝喜二利益喜。藏攝喜者。謂金銀等。利益喜者復有八種。一者嚴飾利益喜。謂寶莊嚴等。二者代步利益喜謂象馬等。三者戲樂利益喜。謂園林樓觀等。四者代苦利益喜。謂奴婢等。五者自在利益喜。謂國土聚落等。六者眷屬利益喜。謂妻子等。七者堅著利益喜。謂一切所愛等。八者稱意利益喜。謂頭目耳鼻等。

經曰菩薩如是以大施心救一切眾生故。轉轉推求世間出世間利益勝事。彼推求利益勝事時心不疲倦。是故菩薩成不疲倦心。成不疲倦已。於一切經論心無怯弱。是名成一切經論智。如是成一切經論智已。善能籌量應作。不應作於上中下眾生隨宜隨宜而行。隨力隨感。是故菩薩成就世智。成世智已。知時知量慚愧莊嚴修習自利利他之道。是故菩薩成慚愧莊嚴。如是行中精勤修行得不退不轉力。如是菩薩成堅固力。得堅固力已勤行供養諸佛。隨所聞法如說修行。諸佛子。是菩薩悉知生起如是清淨諸地法。所謂信悲慈捨不疲惓。知諸經論善解世法。慚愧堅固力供養諸佛如說修行。

論曰是中依此世智隨宜隨宜而行者。如論中說隨自己力隨彼能受故。依慚愧知時知量者。示三種時。一者念時。二者日夜時。三者所作必得不斷時。依堅固力如是彼行中者如上所說。信等故。精勤修行者有二種。一不退力不捨行故。二不轉力精進不息故。供養諸佛如說修行者有二種。一利養供養。二修行供養。此十種行顯二種勝成就。一深心成就謂信悲慈等。二修行成就謂捨不疲惓。知諸經論善解世法慚愧堅固力供養諸佛如說修行等。於中依自利行。謂信能信菩薩行及諸佛法。求必能得故。依利他行。所謂悲慈能安隱與樂心故。捨者以財攝他行故。不疲惓者。自攝法行故。知諸經論善解世法者。以法攝他行故。餘有三行攝護信等。一者不著行。以慚愧對治障。信等不著行故。二者不動行。有堅固力信等不可動故。三者修行。彼垢清淨依止行供養諸佛。攝信等善根故。是中依二種供養故得二種身。一者上妙身。所可見者心生敬重利益不空故。二者調柔心。自性善根成就樂行法故。前所說三十句。從信增上等乃至常求上上勝道。是清淨地法。今此十句從信等乃至供養諸佛。盡是障地淨法。是名修行挍量勝。云何果利益挍量勝。

經曰諸佛子。是菩薩住此菩薩歡喜地已。多見諸佛以大神通力大願力故。見多百佛多千佛多百千佛多百千那由他佛多億佛多百億佛多千億佛多百千億佛多百千億那由他佛。以大神通力大願力故。是菩薩見諸佛時。以上心深心供養恭敬尊重讚歎。衣服飲食臥具湯藥一切供具悉以奉施。以諸菩薩上妙樂具供養眾僧。以此善根皆願迴向阿耨多羅三藐三菩提。是菩薩因供養諸佛故。成教化利益眾生法。是菩薩多以二攝攝取眾生。所謂布施愛語。後二攝法但以信解力行未善通達。是菩薩十波羅蜜中檀波羅蜜增上。餘波羅蜜非不修集隨力隨分。是菩薩隨所供養諸佛。教化眾生皆能受行清淨地法。如是如是彼諸善根皆願迴向薩婆若。轉復明淨調柔成就隨意所用。諸佛子。譬如金師善巧鍊金數數入火。如是如是轉復明淨調柔成就隨意所用。諸佛子。菩薩亦復如是。如是如是供養諸佛教化眾生。皆能修行清淨地法正修行已。如是如是彼諸善根皆願迴向薩婆若。轉復明淨調柔成就隨意所用。

論曰果利益挍量勝有四種。一調柔果利益勝。二發趣果利益勝。三攝報果利益勝。四願智果利益勝。調柔果利益勝者。金相似法。信等善法猶如眞金數數入火者。有三種入。一功德入供養佛僧故。二悲心入教化眾生故。三無上果入願迴向大菩提故。以大神通力見諸佛者。以勝神通力見色身佛。大願力者。以內正願力見法身佛。多百佛乃至百千億那由他佛者。方便善巧示現多佛。顯多數故供養者有三種。一恭敬供養。謂讚歎等顯佛功德故。二尊重供養。謂禮拜等。三奉施供養。謂花香塗香末香幡蓋等。以諸菩薩上妙樂具者。是諸菩薩所有世間不供之物。具足奉施一切衆僧故。云何發趣果利益勝。

經曰復次諸佛子。菩薩摩訶薩。住此菩薩歡喜地。於初地中諸相得果。應從諸佛菩薩善知識所推求請問成地諸法無有厭足。如是菩薩住初地中應從諸佛菩薩善知識所推求請問。第二地中諸相得果成地諸法無有厭足。如是第三第四第五第六第七第八第九第十地中。諸相得果。應從諸佛菩薩善知識所推求請問。成十地法無有厭足。是菩薩善知諸地障對治。善知地成壞。善知地相。善知地得修。善知地清淨分。善知地地轉行。善知地地住處。善知地地挍量勝智。善知地得不退轉。善知一切菩薩地清淨轉入如來智地。諸佛子。菩薩如是善起地相。發於初地不住意成乃至轉入十地。無障礙故。以得十地智慧光明故。能得諸佛智慧光明。諸佛子。譬如善巧導師。多將人眾向彼大城。未發之時應先問道中利益諸事。復問道中退患過咎。復問道處中間勝事。復問道處中間退患過咎。具道資糧作所應作推求請問。未發初處。是大導師乃至善知到彼大城。未發初處。此導師能以智慧思惟籌量。具諸資用令無所乏。正導眾人乃至得到大城。於嶮道中免諸患難。身及眾人皆無憂惱。諸佛子。菩薩摩訶薩善巧導師亦復如是。住於初地善知地障對治。乃至善知一切菩薩地清淨轉入如來智地。爾時菩薩具大福德助道資糧善擇智慧助道。欲將一切眾生向薩婆若大城。未發初處應先問地道功德。復問諸地退患。復問地道處中間勝事。復問地道處中間退患。具大功德智慧資糧作。所應作應從諸佛菩薩善知識所推求請問。未發初處。是菩薩善知地障對治。乃至善知能到薩婆若大城。未發初處。菩薩如是智慧分別。具大功德智慧資糧。將一切衆生如應教化。出過世間嶮難惡處。乃至令住薩婆若大城。不爲世間生死嶮過所染。身及衆生無諸衰惱。諸佛子。是故菩薩摩訶薩常應心不疲惓勤修諸地業勝智本行。諸佛子。是名略説菩薩摩訶薩入初菩薩歡喜地門。廣説則有無量百千萬億阿僧祇事。

論曰諸相者隨諸地中所有諸障及對治相故。得者證出世間智故。果者因證智力得世間出世間智故。成地諸法者。所謂信等爲滿足彼故。有五種方便。一觀方便二得方便三增上方便四不退方便五盡至方便。觀方便者。障對治成壞善巧。如經是菩薩善知諸地障對治故。善知地成壞故。十種地障對治故。名爲十地。如本分中說。如是次第集故成散故壞。得方便者。欲入方便已入方便彼勝進方便。如經善知地相故。善知地得修故。善知地清淨分故。增上方便者。地地轉行地地住處地地增長善巧。如經善知地地轉行故。善知地地住處故。善知地地挍量勝智故。不退方便者。如經善知地得不退轉故。盡至方便者。菩薩地盡入如來地善巧。如經善知一切菩薩地清淨轉入如來智地故。諸佛子譬如善巧導師多將人衆向彼大城者。令得正行故。於中導師者有二種方便。一者不迷道方便。於道路中是利是退患。於道路處是勝是過咎。皆善巧知。如經先問道中利益諸事故。復問道中退患過咎故。復問道處中間勝事故。復問道處中間退患過咎故。二者資具利益方便。如經具道資糧作所應作故。云何攝報果利益勝。

經曰菩薩摩訶薩住此初地。多作閻浮提王豪貴自在常護正法。能以大施攝取衆生。善除衆生慳貪妬嫉之垢。常行大捨而無窮盡。所作善業布施愛語利益同事。是諸福德皆不離念佛。不離念法。不離念僧。不離念諸菩薩。不離念菩薩行。不離念諸波羅蜜。不離念十地。不離念不壞力。不離念無畏。不離念佛不共法。乃至不離念具足一切種一切智智。常生是心我當於一切眾生中爲首爲勝。爲大爲妙爲微妙爲上爲無上爲導爲將爲師爲尊。乃至爲一切智智依止者。諸佛子。是菩薩摩訶薩。若欲捨家。勤行精進。於佛法中便能捨家妻子五欲。得出家已勤行精進。於一念間得百三昧得見百佛。知百佛神力能動百佛世界。能入百佛世界能照百佛世界。能教化百佛世界眾生。能住壽百劫。能知過去未來世各百劫事。能善入百法門。能變身爲百於一一身能示百。菩薩以爲眷屬。

論曰攝報果利益勝者有二種。一在家果。二出家果。在家果復有二種。一者上勝身。閻浮提王等。如經菩薩摩訶薩住此初地多作閻浮提王豪貴自在常護正法故。二者上勝果。善巧調伏慳貪嫉妬等。如經能以大施攝取衆生善除衆生慳貪嫉妬垢等。能以大施攝取衆生者。自行布施善勸他施。攝取衆生善轉衆生慳嫉之垢。方便善巧以四攝法攝取衆生故。不離念佛等者。示現不離念自利益事。如是諸念於事中行已。成大恭敬除諸妄想。此念略有四種。一者上念。念三寶故。二者同法念。念諸菩薩故。三者功德念。念自身他身菩薩行自體轉勝故。四者求義念。念諸力等此是眞實究竟故。何者是上念。念佛等。念佛法等故。於施者受者財物及菩提不生分別不取著故。如是一切所作業中作者不著。境界不著。作事不著。果報不著。以此一切諸行皆願迴向大菩提故。爲首者有二種。一者勝首。光明功德故。二者大首。獨無二故。勝者有二種。一者妙智。自在勝故。二者微妙。離一切煩惱自在勝故。大者有二種。一者上。無與等故。二者無上。無能過故。如是顯示自體功德故。導者於阿含中分別法義正說故。將者令他證得義滅諸煩惱故。師者教授令入正道故。乃至一切智智依止者。以大菩提道教化故。是名在家菩薩攝報果利益勝。復次出家菩薩禪定勝業。勝業有二種。一者三昧勝。所謂於一念間得百三昧。得三昧自在力故。二者三昧所作勝。謂見百佛等以得是三昧力故。於十方諸佛及佛所加諸菩薩所修習智慧故。能動百佛世界者。令可化衆生生正信故。能入百佛世界能照百佛世界。能教化百佛世界衆生者。往至及見正化衆生故。能住壽百劫者。攝取勝生故。能知過去未來世各百劫事者。化諸衆生作離惡上首說善惡業道故。能善入百法門者。爲增長自智慧思惟種種法門義故。能變身爲百。於一一身能示百菩薩以爲眷屬者。作多利益速疾行故。云何願智果利益勝。

經曰若以願力自在勝上。菩薩願力示現過於此數。示種種神通。或身或光明或神通或眼或境界或音聲或行或莊嚴或加或信或業。是諸神通。乃至無量百千萬億那由他劫。不可數知。

論曰於中身者。是一切菩薩行根本所依故。依彼身故有光明及神通。依光明有天眼。以有天眼見前境界。一切眼有五種應知。依神通有音聲及行莊嚴加等。音聲者應彼言說故。行者遍至十方故。莊嚴者作種種應現故。加者神力加彼故。信者依三昧門現神通力。隨衆生信利益成就故。業者依慧眼所攝陀羅尼門現說法故。略說一切諸地各有因體果相應知。

十地經論初歡喜地第一　卷之三竟

十地經論離垢地第二 卷之四

天親菩薩造

後魏北印度三藏菩提流支等譯

論曰菩薩如是已證正位依出世間道因清淨戒說第二菩薩離垢地。此清淨戒有二種淨。一發起淨。二自體淨。發起淨者說十種直心。

經曰爾時金剛藏菩薩摩訶薩言。諸佛子。若菩薩已具足初地。欲得第二地者。當生十種直心。何等爲十。一直心。二柔軟心。三調柔心。四善心。五寂滅心。六眞心。七不雜心。八不悕望心。九勝心。十大心。菩薩生是十心得入第二菩薩離垢地。

論曰十種直心者。依清淨戒直心性戒成就。隨所應作自然行故。直心復有九種。一者柔軟直心。共喜樂意持戒行故。二者調柔直心。自在力故。性善持戒煩惱不雜故。三者善直心。守護諸根不誤犯戒。猶如良馬性調伏故。四者寂滅直心。調伏柔軟不生高心故。五者眞直心。能忍諸惱如眞金故。六者不雜直心。所得功德不生厭足。依清淨戒更求勝戒樂寂靜故。七者不悕望直心。不願諸有勢力自在故。八者勝直心。爲利益衆生不斷有願故。九者大直心。隨順有果而不染故。自體淨者有三種戒。一離戒淨。二攝善法戒淨。三利益衆生戒淨。離戒淨者謂十善業道。從離殺生乃至正見亦名受戒淨。攝善法戒淨者。於離戒淨爲上。從菩薩作是思惟。衆生墮諸惡道。皆由十不善業道集因緣。乃至是故我應等行十善業道。一切種清淨故。利益衆生戒淨者。於攝善法戒爲上。從菩薩復作是念。我遠離十不善業道。樂行法行乃至生尊心等。

經曰。諸佛子。菩薩住菩薩離垢地。自性成就十善業道。遠離一切殺生。捨棄刀杖無瞋恨心。有慚有愧具足憐愍。於一切衆生生安隱心慈心。是菩薩尚不惡心惱諸衆生。何況於他衆生起衆生想故起重心身行加害。

論曰說十善業道遠離一切殺生者。示現遠離勝利益勝故。依離殺生有三種離。一者因離。如經捨棄刀杖無瞋恨心有慚有愧具足憐愍故。二者對治離。如經於一切衆生生安隱心慈心故。三者果行離。如經尙不惡心惱諸衆生。何況於他衆生起衆生想故。起重心身行加害故。於中殺生有二種因。一受畜因。二起因。受畜因有二種。所謂刀杖。刀者斫截事。杖者捶打事。如經捨棄刀杖故。乃至呪術諸藥能殺之具悉皆遠離。起因有二種。所謂貪瞋。爲財利故造諸惡業。乃至沒命心無恥悔。對治是等。如經有慚有愧故。爲貪衆生捕養籠繫令生苦惱。對治是等。如經具足憐愍故。離此二種故言因離。對治離有二種。一者安隱心於一切衆生而作利益。以善法教化令住善道涅槃因故。二者慈心令彼衆生得人天報涅槃樂果故。如經於一切衆生生安隱心慈心故。如是於因果中不顚倒求。離愚癡心殺生祭祀等。對治者即名爲離。故名對治離。彼能離故。言衆生者。示諸衆生非常非斷隨命根因緣。乃至現得壽命住世。死則依業煩惱力未來還生故。果行離有二種。一者微細心念害故。二者麤重身行惱害故。如經是菩薩尚不惡心惱諸衆生。何況於他衆生起衆生想故起重心身行加害故。於中麤行有五種。一者身。如經他故。二者事。如經衆生故。三者想。如經衆生想故。四者行。如經故起重心故。五者體。如經身行加害故。

經曰離諸劫盜資生之物常自滿足。不壞他財。若物屬他他所用事他守護想不生盜心。是菩薩乃至草葉不與不取。何況其餘資生之具。

論曰依離劫盜有三種離。一因離。二對治離。三果行離。因離者。自資生不足此對治。如經資生之物常自滿足故。對治離者。所謂布施。於自資生捨而不著。以無貪故。不壞當來資生。如經不壞他財故。果行離者有二種。一者微細物不與不取。二者麤重物不與不取。此五種示現。一者身。如經若物屬他故。

二者事。如經他所用事故。三者想。如經他守護想故。四者行。盜心取故。如經不生盜心故。五者體。所謂微麤。如經乃至草葉不與不取。何況其餘資生之具故。

經曰離於邪婬自足妻色不求他妻。他守護女人及以他妻姓親標護戒法所護。是菩薩乃至不生貪求念想之心。何況彼此二形從事。況復非處。

論曰依離邪婬有三種離。一因離。二對治離。三果行離。因離者自妻不足。此對治。如經自足妻色故。對治離者。現在梵行淨故。不求未來妻色。如經不求他妻故。果行離者有二種。一者微細。所謂心中。二者麤重。謂身相。中身相有三種。一不正。二非時。三非處。不正者。他守護女共不共等。共者他守護故。不共者他妻故。如經他守護女人及以他妻故。姓親標護者。所謂父母親族姓護。及已許他標識所護故。如經姓親標護故。女人者。示現遠離非衆生數女名故。非時者。謂修梵行時。如經戒法所護故。非處者。謂非道行婬。如經況復非處故。細麤者。謂意業身業二種遠離故。如經乃至不生貪求念想之心。何況彼此二形從事故。

經曰。離於妄語常作實語諦語時語。是菩薩乃至夢中不起覆見忍見無心欲作誑他語。何況故妄語。

論曰。依離妄語有二種離。一對治離。二果行離。對治離者即是因離。何以故。彼身業有二種離。妄語中無外事故。復無異因故。如離殺生中受畜因有二種。謂刀杖外事如彼中說。離棄捨刀杖故。離妄語中無彼身業二種外事故。無異因者。殺生因貪瞋癡等。妄語因者。謂誑他心遠離彼故。即實語成如是實語對治誑他心即是因離。依彼生此故言無異因。如是對治離即是因離。復對治離有三種。一者隨想語。如經常作實語故。二者善思量。如事語。如經諦語故。三者知時語。不起自身他身衰惱故。如經時語故。果行離者。一細。二麤。如經是菩薩乃至夢中不起覆見忍見無心欲作誑他語。何況故作妄語。夢中者是細故作者是麤。覆見忍見易解智見名爲見。

經曰離於兩舌。無破壞心不恐怖心不惱亂心。此聞不向彼說此壞故。彼聞不向此說彼壞故。不破同意者。已破者不令增長。不喜離別心。不樂離別心。不樂說離別語。不作離別語。若實若不實。

論曰依離兩舌有二種離。一對治離。二果行離。對治離者。謂不破壞行。一者心。二者差別。隨其所聞往異處說。此二種用心受憶持口業言說破壞心故。如經此聞不向彼說此壞故。彼聞不向此說彼壞故。差別者有三種。一身壞。二心壞。三業壞。身壞有二種。一未壞。二已壞。此對治。如經不破同意者。已破者不令增長故。心壞亦有二種。一未破者欲破。二已破者隨喜。此對治。如經不喜離別心故。不樂離別心故。業壞亦有二種。一細。二麤。實不實語。此對治。如經不樂說離別語。不作離別語。若實若不實故。

經曰離於惡口。所有語言侵惱語麤獷語苦他語。令他瞋恨語現前語不現前語鄙惡語不斷語。不喜聞語聞不悅語瞋惱語心火能燒語心熱惱語不愛語不樂語不善自壞身亦壞他人語。如是等語皆悉捨離。所有語言美妙悅耳。所謂潤益語軟語妙語喜聞語樂聞語入心語順理語多人愛念語多人喜樂語和悅語心遍喜語能生自心他心歡喜敬信語。常說如是種種美妙語。

論曰依離惡口有二種離。一果行離二對治離。果行離者。謂損他語能令他瞋。如經侵惱語麤獷語苦他語令他瞋恨語故。此句次第以後釋前。此等義一名異。復有相對語不相對語麤惡語常行語故。如經現前語不現前語鄙惡語不斷語故。於中現前語者麤而不斷。不現前語者微而有斷。如是說者與戒相違能生他苦令他瞋故。如經不喜聞語聞不悅語故。作不利益語因瞋妒心起。令他戒相違。如經瞋惱語故。令他瞋惱有二種無饒益事。一未起瞋者能令生瞋。聞時憶時不愛不樂胸心閉塞故。如經心火能燒語心熱惱語不愛語不樂語故。二者已有同意樂事自身失壞令他失壞。如經不善自壞身亦壞他人語故。離如是等惡語故。言果行離。對治離者。謂潤益語。於中有二種。一者不麤不疾語。二者可樂語。如經軟語妙語故。是中不麤不疾者。戒分所攝受行不斷故。喜者名爲可樂故。可樂有二種。一者樂可樂。二者安隱可樂。樂者隨順人天故。安隱者隨順涅槃城。如經喜聞語樂聞語入心語順理語故。又復怨親中人聞時憶時能生歡喜。如經多人愛念語多人喜樂語故。此語如是能作二種利益。一者他未生瞋恨令其不生生歡喜故。復能生三昧故。二者未生親友令生故。自身現作故。令他現作故。如經心和悅語心遍喜語能生自心他心歡喜敬信語。常說如是種種美妙語故。

經曰離於綺語。常善思語時語實語義語法語順道語毘尼語隨時籌量語善知心所樂語。是菩薩乃至戲笑尚不綺語。何況故作綺語。

論曰依離綺語有二種離。一對治離。二果行離。對治離者。善知言說時。依彼此語勸發憶念。修行時若見非善處衆生令捨不善安住善法。彼時教化語故。如經常善思語故。時語故。復不顛倒語依展轉教誨隨順修行時義言法言故。如經實語義語法語故。復依展轉舉罪滅諍學行時如法語及阿含語。如經順道語毘尼語故。復依攝受語說法攝受修行時如威儀住語故。譬喩順義語故。如經隨時籌量語善知心所樂語故。果行離有二種。一細。二麤。遠離此二故。言果行離。細麤者。如經是菩薩乃至戲笑尚不綺語。何況故作綺語故。

經曰離於貪心。於他所有一切財物。他所用財不生貪心。不求不願不生貪心。

論曰依不貪有三種。一事。二體。三差別。事者攝受用。於中有二種。一已攝受用。二攝護想。如經於他所有一切財物故。體者有二種。一所用事。謂金銀等。

二資用事謂飲食衣服等。如經他所用財故。不貪性者對治貪心故。如經不生貪心故。此差別對治三種貪。三種貪者。一欲門行。二得門行。三奪門行。對治是等。如經不求不願不生貪心故。於中初二細第三麤。

經曰離於瞋心於一切眾生常起慈心安隱心憐愍心樂心利潤心攝饒益一切眾生心。所有瞋恨嫉害妄想垢等悉皆遠離。所有一切隨順慈悲善修成就一切行故。

論曰依離瞋障對治。爲五種衆生說。一於怨讐所生慈愍心。如經常起慈心故。二於惡行衆生所。如經生安隱心故。三於貧窮乞匃及苦衆生所。如經生憐愍心樂心故。四於樂衆生所煩惱染著處。如經利潤心故。五於發菩提心衆生所。無量利益行中勤勞疲惓故。如經攝饒益一切衆生心故。此慈心等有六種障。此非分別亦非一一對。於未生怨者能生。已生者隨順增長。未生親者令不生。已生者令不增長。於自身中善法未生者令不生。已生者令滅。

於不善法未生者能生。已生者令增長。於他身中不愛事未生者令生。已生者令增長。愛事未生者令不生。已生者不令隨順。如經所有瞋恨妬害妄想垢等皆悉遠離故。此修多羅文句次第說此瞋恨等無量惡行根本故。言等彼悉捨離故。餘隨所念一切盡以慈心利益。如經所有一切隨順慈悲善修成就一切行故。

經曰離於邪見隨順正道。捨於種種占相吉凶。離惡戒見修正直見。不姦欺不諂曲。決定誠信佛法僧寶。菩薩如是日夜常護十善業道。

論曰依正見有七種見對治。何者七種見。一者異乘見。此對治。如經隨順正道故。二者虛妄分別見。三者戒取淨見。此對治。如經捨於種種占相吉凶離惡戒見故。惡戒見者。自取所見故。四者自謂正見。此對治。如經修正直見故。五者覆藏見。六者詐現不實見。此對治。如經不姦欺不諂曲故。七者非清淨見。謂世間見。此對治。如經決定誠信佛法僧寶故。如是已說一切種離戒。

復說離戒增上清淨。不斷不闕常護持故。如經菩薩如是日夜常護十善業道故。如是具足一切種離戒性成就故。復示不斷不闕故。次說攝善法戒淨。謂菩薩作是思惟等修多羅次第說。

經曰菩薩作是思惟。一切眾生墮諸惡道。皆由不離十不善業道集因緣故。是故我當先住善法。亦令他人住於善法。何以故。若人自不行善不具善行。爲他說法令住善者。無有是處。

論曰墮諸惡道者有三種義。一者乘惡行往故。二者依止自身能生苦惱故。三者常墮種種苦相處故。何故言十不善業道。謂攝到一切惡果數故。言十不善業道。攝到一切惡果數者。說十不善業道故。數者攝取十名故。惡者不善故。果者墮地獄畜生餓鬼等可毀故。到者攝取業故。集因者受行故。菩薩如是遠離無因顛倒。因善解眾生自行惡業。住非法處不能遠離。菩薩思惟深寂靜已。欲救彼眾生自知堪能。復觀察障及對治不善業道及果。善業道及果及上上清淨起增上心。求學修行攝善法戒清淨行故。

經曰是菩薩復深思惟。行十不善業道集因緣故。則墮地獄畜生餓鬼。行十善業道集因緣故。則生人中。乃至生有頂處。又是上十善業道與智慧觀和合修行其心狹劣故。心厭畏三界故。遠離大悲故。從他聞聲而通達故。聞聲意解成聲聞乘。

論曰智慧觀者實相觀故。惡道者是苦。不善業道是集。彼離是滅。彼對治是道。又善道者是苦。善業道是集。離彼使是滅。彼對治是道。智慧同觀修行無分別。聲聞有五種相。一因集。二畏苦。三捨心。四依止。五觀。如是狹劣等是聲聞心。因集者修行微少善根故。但依自身利益。如經其心狹劣故。畏苦者如經心厭畏三界故。捨心者捨諸眾生。如經遠離大悲故。依止者依師教授故。觀者念音聲故。何者音聲。我眾生等但有名故。如是彼者從音聲解故。入眾生無我非法無我。如經從他聞聲而通達故。聞聲意解成聲聞乘故。

經曰又是上十善清淨業道不從他聞故．自正覺故．不能具足大悲方便故．而能通達深因緣法成辟支佛乘．

論曰辟支佛有三種相．一者自覺．二不能說法．三觀少境界．不假佛說法及諸菩薩唯自覺悟．如經不從他聞故．自正覺故．不起心說法．不堪說法故．如經不能具足大悲方便故．觀微細因緣境界行故．如經而能通達深因緣法成辟支佛乘故．因集畏苦捨衆生．辟支佛亦有此法．所有勝事此中已說．

經曰又是上上十善業道清淨具足其心廣大無量故．於諸眾生起悲愍故．方便所攝故．善起大願故．不捨一切眾生故．觀佛智廣大故．菩薩地清淨波羅蜜清淨入深廣行成．

論曰菩薩有四種相．一者因集．二者用．三者彼力．四者地依．一切善根起行故．依一切衆生利益行故．大乘心廣無量故．此是因集．如經又是上上十善業道清淨具足其心廣大無量故．見諸衆生習行苦因及受苦時起悲愍心．

依彼衆生作利益是菩薩用。如經於諸衆生起悲愍故。彼力者。謂四攝法。如經方便所攝故。地者有三種。一者淨深心地。十大願得名。如經善起大願故。二者不退轉地。得寂滅行已不捨解脫衆生。如經不捨一切衆生故。三者受大位地。是故求證佛廣大智。如經觀佛智廣大故。菩薩地清淨波羅蜜清淨入深廣行成。此中但說菩薩地廣成便足。何故復說地淨波羅蜜淨。有上上清淨故。第一法清淨故。顯示菩薩深廣行成。第一義者波羅蜜義故。

經曰。又是上上十善業道。一切種清淨十力力故。集一切佛法令成就故。是故我應等行十善業道修行一切種令清淨具足。

論曰。上上者。有四種義顯上上事。一者滅。二者捨。三者方便。四者無厭足。不善業道共習氣滅故。善業自在成就故。聲聞辟支佛捨故。方便者於菩薩乘善巧故。餘殘無厭足故。一切智中得自在智故。一切種令清淨故。如經又是上上十善業道一切種清淨故。十力力故。集一切佛法令成就故。是故我應等行十善業道修行一切種令清淨具足故。降伏魔怨小乘作增上故。顯示力佛法。應知次上依大悲利益眾生戒增上有五種義。一者智。二者願。三者修行。四者集。五者集果智者有三種相。一者時差別。二者報果差別。三者習氣果差別。

經曰是菩薩復作是思惟。此十不善業道。上者地獄因緣。中者畜生因緣。下者餓鬼因緣。於中殺生之罪。能令眾生墮於地獄畜生餓鬼。若生人中得二種果報。一者短命。二者多病。劫盜之罪。亦令眾生墮於地獄畜生餓鬼。若生人中得二種果報。一者貧窮。二者共財不得自在。邪婬之罪。亦令眾生墮於地獄畜生餓鬼。若生人中得二種果報。一者婦不貞良。二者二妻相諍不隨己心。妄語之罪。亦令眾生墮於地獄畜生餓鬼。若生人中得二種果報。一者多被誹謗。二者恒爲多人所誑。兩舌之罪。亦令眾生墮於地獄畜生餓鬼。若生人中得二種果報。一者得破壞眷屬。二者得弊惡眷屬。惡口之罪。亦令眾生墮於地獄畜生餓鬼。若生人中得二種果報。一者常聞惡聲。二者所有言說恒有諍訟。綺語之罪。亦令眾生墮於地獄畜生餓鬼。若生人中得二種果報。一者所說正語人不信受。二者所有言說不能辯了。貪欲之罪。亦令眾生墮於地獄畜生餓鬼。若生人中得二種果報。一者貪財無有厭足。二者多求恒不從意。瞋恚之罪。亦令眾生墮於地獄畜生餓鬼。若生人中得二種果報。一者常爲他人求其長短。二者常爲他所惱害。邪見之罪。亦令眾生墮於地獄畜生餓鬼。若生人中得二種果報。一者常生邪見家。二者心恒諂曲。諸佛子。如是十不善業道。皆是眾苦大聚因緣。

論曰時差別者。依不善業道因果上中下差別。如經是菩薩作是思惟。此十不善業道。上者地獄因緣。中者畜生因緣。下者餓鬼因緣故。前總觀不善業道因。今別觀報果一切諸惡處。如經殺生之罪能令衆生墮於地獄畜生餓鬼乃至邪見之罪亦令衆生墮於地獄畜生餓鬼故。習氣果者。人中一一各有二種果。如經若生人中得二種果報。一者短命。二者多病。乃至若生人中得二種果報。一者常生邪見家。二者心恒諂曲故。是中時報差別者。示現苦深重故。云何示現。下者餓鬼中深故。中者復轉深故。上者轉轉重深故。習氣果差別者。隨順至善道中故。總別合觀惡道中無量大苦。如經諸佛子。如是十不善業道皆是衆苦大聚因緣故。云何爲願。

經曰。菩薩復作是念。我當遠離十不善業道樂行法行。

論曰。願者復樂行大乘法。作利益衆生義故。攝善法故。如經菩薩復作是念乃至樂行法行故。云何修行。

經曰。菩薩遠離十不善業道。安住十善業道。亦令他人住於十善業道。

論曰。修行者。自住善法遠離彼障。修行對治亦令衆生住善法故。如經菩薩遠離十善業道。乃至亦令他人住於十善業道故。云何爲集。

經曰是菩薩復於一切眾生中生安隱心樂心慈心悲心憐愍心利益心守護心我心師心生尊心。

論曰集者依增上悲。復爲念眾生故生十種心。復次此心爲八種眾生故生。一者於惡行眾生欲令住善行故。如經安隱心故。二者於苦眾生欲令樂具不盡故。如經樂心故。三者於怨憎眾生不念加報。如經慈心故。四者於貧窮眾生欲令遠離彼苦。如經悲心故。五者於樂眾生欲令不放逸。如經憐愍心故。六者於外道眾生欲令現信佛法故。如經利益心故。七者於同行眾生欲令不退轉。如經守護心故。八者於一切攝菩提願眾生取如己身是諸眾生即是我身。如經我心故。生餘二心者。觀彼眾生乘大乘道進趣集具足功德。如經師心故。生尊心故。集果者勝悲所攝欲勝。

復次依增上顛倒爲首於三種眾生。一欲求。二有求。三梵行求。欲求眾生者有二種．一受用時．二追求時．受用有三種．一受不共財．二受無厭足財．三受貯積財．追求有二種．一追求現報．習惡行故．二追求後報．習善行故．有求衆生亦有二種．一者道差別．二者界差別．梵行求衆生亦有二種．一者邪見諸外道等．二者正見同法小乘等．彼諸衆生趣如是道．隨順對治令住如所應處．云何顚倒爲首．

經曰菩薩復作此念．是諸衆生墮於邪見惡意惡心行惡道稠林．我應令彼衆生行眞實道．住正見道如實法中．

論曰邪見者謂四顚倒．此顚倒者二倒名爲惡意專念行故．二倒名爲惡心．非專念行．謂我淨想故．彼非正道稠林行因．非正道者是諸煩惱．稠林者煩惱使故．如經菩薩復作此念．是諸衆生墮於邪見惡意惡心行惡道稠林故．彼諸衆生隨順對治妙法正念正見出世間法．如經我應令彼衆生行眞實道．住正見道如實法中故．云何受不共財．

經曰是諸眾生共相破壞。分別彼我常共鬥諍。日夜瞋恨熾然不息。我應令彼眾生住於無上大慈中。

論曰受不共財者互相破壞。破壞有二種。一對怨於心中。二鬥諍於言中。如是破壞思念作報增長行熾。如經是諸衆生共相破壞乃至日夜瞋恨熾然不息故。對怨於心中分別彼我。此言示現鬥諍於言中。常共鬥諍。此言示現思念作報增長行熾。日夜瞋恨熾然不息。此言示現彼諸衆生隨順對治與大慈益。如經我應令彼衆生住於無上大慈中故。云何受無厭足財。

經曰是諸眾生心無厭足常求他財邪命自活。我應令彼眾生住於清淨身口意業正命法中。

論曰受無厭足財者有二種。一貪於心中。二於身口中。斗秤妄語等方便奪故。如經是諸衆生心無厭足常求他財邪命自活故。彼諸衆生隨順對治清淨身口意業正命自活。如經我應令彼衆生住於清淨身口意業正命法中故云何受貯積財。

經曰是諸衆生因隨逐貪欲瞋恚愚癡。常爲種種煩惱熾火之所燒然。不能志求出要方便。我應令彼衆生滅除一切煩惱大火。安置清涼無畏之處。

論曰受貯積財者。貪等因體過彼染著故。於彼散用起瞋心故。彼寶翫受用中多樂境界。數爲煩惱火之所燒然過。不見彼過無求出意。如經是諸衆生因隨逐貪欲瞋恚愚癡常爲種種煩惱熾火之所燒然。不能志求出要方便故。彼諸衆生隨順對治。除一切煩惱置清涼處。如經我應令彼衆生滅除一切煩惱大火。安置清涼無畏之處故。云何追求現報習諸惡行。

經曰是諸衆生常爲愚癡闇冥妄見厚𧄼。無明黑闇所覆入大黑闇稠林。遠離智慧光明。墮大黑闇處。隨其所見到種種險道。我應令彼衆生得無障礙清淨慧眼。以是眼故知一切法如實相。得不隨他一切如實無障礙智。

論曰追求現報習惡行者。既有愚癡闇冥妄見厚曀黑闇所覆過妄見樂故。不見未來實果報過故。亦不見現在實果報過故。如經是諸衆生常爲愚癡闇冥妄見厚曀無明黑闇所覆故。又愚癡者。多爲闇冥故。妄見者。顚倒樂見故。厚曀者不見未來實果報過故。黑闇者不見現在實果報過故。是愚癡因滿足使事是過及遠離無漏智處故。彼善行障順不善行故。如經入大黑闇稠林故。遠離智慧光明故。稠林者是愚癡因使故。大者滿足故。受至大對過患。如經墮大黑闇處故。是中對者黑闇示現。如闇中行處處障礙如是相似法故。受大對事成至諸惡趣。是故名墮多作罪因。於臨終時見惡報相心生悔見過。如經隨其所見到種種險道故。見險道者悔見故。見本罪相不能集彼對治正見。隨其所見者於死時故。彼諸衆生隨順對治。以如實法令得無障礙清淨慧眼。如經我應令彼衆生得無障礙清淨慧眼。以是眼故知一切法如實相。得不隨他。一切如實無障礙智故。云何追求後報習諸善行。

經曰是諸衆生隨順世間生死險道。將墜地獄畜生餓鬼深坑。隨順入惡見網中。爲種種愚癡稠林所覆。隨逐虛妄道行顛倒行。常盲冥故遠離有智導師。非出要道處謂出要想。隨逐魔道怨賊所攝。遠離善巧導師入魔意稠林遠離佛意。我應拔濟彼諸衆生種種諸苦度於世間險道艱難安置無畏處。令住薩婆若大城。

論曰追求後報習善行者。隨順險道過。如經是諸衆生隨順世間生死險道故。彼險道有三種。一自體。二障礙。三者失。自體者世間乏少善根本故。障礙者有八種。一者求出而隨順世間墮三惡趣。如經將墜地獄畜生餓鬼深坑故。二者入網。於苦果中妄生樂故。如經隨順入惡見網中故。三者黑暗稠林所覆彼彼癡使所覆故。爲說苦因而不知覺。如經爲種種愚癡稠林所覆故。四者行顛倒道捨眞實樂妄行邪道故。如經隨逐虛妄道行顛倒行故。五者盲冥得果貪著愛欲所盲故。如經常盲冥故。六者遠離導師生惡道中。及放逸等過。雖値佛世而不見不聞故。如經遠離有智導師故。七者怖求涅槃而趣彼異處。謂梵天等梵世間等。以爲出世正見。如經非出要道處謂出要想故。八者怨賊行魔境界。貪著諸欲劫功德盡令不集故。如經隨逐魔道怨賊所攝故。失者有三種。一者離善導師依不善地。如經遠離善導師故。二者依止怨地。如經入魔意稠林故。三者遠離作善知識地。如經遠離佛意故。彼諸衆生隨順對治以如實法令出世間住一切智地。如經我應拔濟彼諸衆生種種諸苦。度於世間險道艱難。安置無畏處。令住薩婆若大城故。云何道差別。

經曰是諸衆生爲大瀑水波浪所沒。隨順欲流有流見流無明流。隨順世間漂流沒大愛河在大駛流。不能正觀。常有欲覺瞋覺惱覺惡行廣故。愛見水中羅刹所執順入欲林。迴復求欲事中深愛著故。我慢陸地之所燋枯無能救者。於六入聚落不能動發。自離善行無正度者。我應於彼衆生生大悲心以善根力而拔濟之。令得無畏不染寂靜離諸恐怖住於一切智慧寶洲。

論曰有求衆生道差別者。沒在大河過。如經是諸衆生爲大瀑水波浪所沒故。彼大瀑水波浪有三種。一自體。二起難。三者失。自體者有五種相。一者深無量水故。如經隨順欲流有流見流無明流故。二者流隨順世間常流不斷。如經隨順世間漂流故。三者名愛水所沒。如經沒大愛河故。四者漂念念不住不見岸故。如經在大駛流不能正觀故。五者廣隨順欲等念覺廣故。如經常有欲覺瞋覺惱覺惡行廣故。起難有四種。一者執著。我我所窟宅不能動離故。如經愛見水中羅刹所執故。二者入迴。先捨欲已還復轉入欲念中故。如經順入欲林迴復故。三者中著。於受用時求欲等樂著故。如經求欲事中深愛著故。四者洲。於用事時中我等最勝。三種我慢自高輕彼。如經我慢陸地之所燋枯故。失者有三種。一者無救失。處惡道中無人濟拔。如經無能救者故。二者無出意失。處善道中無出離心。如經於六入聚落不能動發故。三者異處去失生諸難處不値佛世。如經自離善行無正度者故。彼諸衆生隨順對治。以如實法令住一切智洲。如經我應於彼衆生生大悲心以善根力而拔濟之。令得無畏不染寂靜。離諸恐怖住於一切智慧寶洲故。云何界差別。

經曰是諸衆生閉在世間牢獄之處。衆多患苦多惱妄想愛憎繫縛憂悲共行愛鎖所繫。入於三界無明稠林所覆。我應令彼衆生遠離一切三界所著。令住離相無礙涅槃。

論曰有求衆生界差別者。閉在牢獄過。如經是諸衆生閉在世間牢獄之處故。此牢獄過有五種隨逐應知。一苦事。二財盡。三愛離。四者縛。五障礙。此示五種難差別。一者無病難。多種病苦妄想愁惱。如經衆多患苦多惱妄想故。二者資生難。於愛不愛事中憎愛所縛。如經愛憎繫縛故。三者親難。親愛離壞憂悲增長。如經憂悲共行故。四者戒難。雖生色無色中暫離犯戒。不免戒行相違愛欲使縛。如經愛鎖所繫故。五者見難。得世間智彼相違無明使之所覆蔽。如經入於三界無明稠林所覆故。彼諸衆生隨順對治。以如實法令住離相無礙涅槃。如經我應令彼衆生遠離一切三界所著。令住離相無礙涅槃故。云何邪見諸外道等。

經曰是諸衆生深著我相。於五陰巢窟不能自出。行四顚倒。依六入空聚常爲四大毒蛇之所侵惱。爲五陰怨賊之所殺害。受此一切無量苦惱。我應令彼衆生離一切障礙。令住空無我智道。所謂涅槃滅一切障礙。

論曰邪梵行諸外道等者。執取我相過。此餘見根本。如經是諸衆生深著我相故。彼諸衆生欲趣涅槃城。以有我故於五陰舍不能動發。如經於五陰巢窟不能自出故。欲行正道以顚倒故。行彼邪道。如經行四顚倒故。依恃我想欲趣涅槃。虛妄我見住六入聚。如經依六入空聚故。受老病死等諸苦。意欲遠離而不得離。恒隨己身。如經常爲四大毒蛇之所侵惱故。陰怨隨逐而不放捨。如經爲五陰怨賊之所殺害故。常爲種種諸苦隨逐。如經受此一切無量苦惱故。彼諸衆生隨順對治。以如實法離一切障。令住涅槃。如經我應令彼衆生離一切障礙。令住空無我智道。所謂涅槃滅一切障礙故。云何正梵行同法小乘等。

經曰是諸衆生小心狹劣不求大乘。其心遠離無上一切智智。等有出行而樂聲聞辟支佛乘。我應令彼衆生安住微妙無上佛法深廣大意。諸佛子。菩薩如是隨順持戒力。善能廣起方便行故。

論曰正行梵行求小乘過。此小乘意有二種。一者小心。佛法微妙廣大無量。其心退沒而不能證故。二者狹心。於無量衆生作利益懈怠故。如經是諸衆生小心狹劣不求大乘法故。復依小乘心願過。願小乘故。如經其心遠離無上一切智智故。修行過。不定聚衆生實有大乘出法而修行小乘。如經等有出行而樂聲聞辟支佛乘故。彼諸衆生隨順對治。以如實法令住微妙無上佛法廣大心故。如經我應令彼衆生安住微妙無上佛法深廣大意故。依持戒行故。得此戒力能作善法。善巧起諸善行故。如經諸佛子菩薩如是隨順持戒力善能廣起方便行故。

經曰諸佛子。是菩薩住此菩薩離垢地已。多見諸佛。以大神通力大願力故。見多百佛多千佛多百千佛多百千那由他佛多億佛多百億佛多千億佛多百千億佛多百千億那由他佛。以大神通力大願力故。是菩薩見諸佛時。以上心深心供養恭敬尊重讚歎。衣服飲食臥具湯藥。一切供具悉以奉施。以諸菩薩上妙樂具供養衆僧。以此善根皆願迴向阿耨多羅三藐三菩提。於諸佛所。生上恭敬心。復受十善法。受善法已。乃至得阿耨多羅三藐三菩提終不中失。是菩薩於無量劫無量百劫無量千劫無量百千劫無量億劫無量百億劫無量千億劫無量百千億劫無量百千億那由他劫。遠離慳嫉破戒垢心。習行布施持戒清淨。諸佛子。譬如成鍊眞金置礬石中煮已離一切垢轉復明淨。諸佛子。菩薩住此離垢地中亦復如是。於無量劫乃至無量百千億那由他劫。遠離慳嫉破戒垢心。成就布施持戒清淨。菩薩爾時於四攝法中愛語偏多。十波羅蜜中戒波羅蜜增上。餘波羅蜜非不修集隨力隨分。諸佛子。是名略說菩薩摩訶薩第二菩薩離垢地。菩薩住是地中。多作轉輪聖王。得法自在七寶具足。有自在力能除一切眾生破戒等垢。以善方便令諸眾生修行十善業道。所作善業布施愛語利益同事。是諸福德皆不離念佛念法念僧念菩薩念菩薩行念波羅蜜念十地念不壞力念無畏念不共佛法。乃至不離念具足一切種一切智智。常生是心。我當於一切眾生中為首為勝為大為妙為微妙為上為無上為導為將為師為尊。乃至為一切智智依止者。諸佛子。是菩薩摩訶薩。若欲捨家勤行精進。於佛法中便能捨家妻子五欲。得出家已勤行精進。於一念間得千三昧。得見千佛。知千佛神力。能動千佛世界。能入千佛世界。能照千佛世界。能教化千佛世界眾生。能住壽千劫。能知過去未來世各千劫事。能善入千法門。能變身爲千。於一一身能示千菩薩以爲眷屬。若以願力自在勝上。菩薩願力過於此數。示種種神通。或身或光明或神通或眼或境界或音聲或行或莊嚴或加或信或業。是諸神通。乃至無量百千萬億那由他劫。不可數知。

論曰此中果利益挍量勝事者。如初地說。此地亦如是。有者同無者應知。此中勝事者。於無量劫遠離慳嫉破戒垢心。成就布施持戒清淨等諸事勝故。於初地中戒未淨故。施亦未淨。若爾何故初地中說檀波羅蜜增上餘者不如。然彼檀波羅蜜等此地中轉勝清淨故。以離慳嫉破戒等垢。是故此地釋名離垢。初地中金但以火鍊除外貪等麤垢故。說鍊金清淨。今於此地復置礬石中煮除自體明垢故。自性眞淨故。說性戒清淨義。

十地經論離垢地第二　卷之四竟

十地經論明地第三　卷之五

天親菩薩造

後魏北印度三藏菩提流支等譯

論曰依第三明地差別有四分。一起厭行分。二厭行分。三厭分。四厭果分。起厭行者。謂十種深念心。厭行者。觀一切行無常乃至未入禪。厭者四禪四空三摩跋提。厭果者。四無量等淨深心應知。

經曰諸佛子。菩薩善清淨心行第二地已。欲得第三菩薩地。當起十種深念心。何等爲十。一淨心。二不動心。三厭心。四離欲心。五不退心。六堅心。七明盛心。八淳厚心。九快心。十大心。菩薩以是十種深念心得入第三地。

論曰是中十種深念心者。一依彼起淨深念心。如經淨心故。二依不捨自乘。如經不動心故。三志求勝法起善方便。此能厭患當來貪欲。四依現欲不貪。

如經厭心故。離欲心故。五依不捨自乘進行。如經不退心故。六依自地煩惱不能破壞。如經堅心故。七依三摩跋提自在。如經明盛心故。八依禪定自在有力。雖生下地而不退失。如經淳厚心故。九依彼生煩惱不能染。如經快心故。十依利益衆生不斷諸有。如經大心故。已說起厭行分。次說厭行分。厭行有三種。一修行護煩惱行。二修行護小乘行。三修行方便攝行。修行護煩惱行者。觀一切行無常無有救者。此二十句示現云何觀一切行無常。

經曰諸佛子。是菩薩住第三菩薩地已。正觀有爲法一切行無常。苦不淨無常敗壞不久住。念念生滅不從前際來。不去至後際。現在不住。如是正觀一切諸行。

論曰是中命行不住故。總明無常觀。如經正觀有爲法一切行無常故。云何此無常。何者是無常。如是正觀。云何此無常者。依身轉時力生三種苦。如經苦故。依飲食力形色增損等。如經不淨故。依不護諸惡力橫夭壽等。如經無常故。依世界成力滅壞故。如經敗壞故。資生依主無有定力一處不住。如經不久住故。何者是無常者。無常有二種。一者少時。如經念念生滅故。二者自性不成。實過去未來現在三世中。不生不轉不住。如經不從前際來不去至後際現在不住。如是正觀一切諸行故。如是觀一切有爲法。無常行中無有救者。

經曰是菩薩如是眞實觀見一切行。無有救者無所依止。共憂共悲共熱惱。憎愛所繫憂惱轉多。無有停積。常爲貪瞋癡火所然。見身無量病苦增長。

論曰是菩薩如是眞實觀見一切行無有救者。第二十句說此無救有九種。一者於無常未至中無所依告。如經無所依止故。二者無常既至無能救者。以無常至故多共憂苦。如經共憂故。三者中間同悲。如經共悲故。四者同苦惱事中憂悲隨逐。其力虛弱轉增熱惱。如經共熱惱故。五者追求資生時。欲所愛事不欲不愛。如是妄想愛憎常縛。如經憎愛所繫故。六者受用時中樂少苦多。如經憂惱轉多故。七者於身老時中少壯盛色不可復集。如經無有停積故。八者於少壯時具三種受貪等常燒。如經常爲貪瞋癡火所然故。九者於年衰時無量病苦增長。如經見身無量病苦增長故。後三句皆明身患事。何故不在初說示身數數患事故。云何修行護小乘行。

經曰是菩薩見如是已。於一切行轉復厭離。趣如來智慧。是菩薩見如來智慧不可思議。無等無量難得無雜。無惱無憂。能至無畏安隱大城不復轉還。見能救無量苦惱衆生。

論曰修行護小乘者。於一切有爲行生厭離已。趣向佛智慧。依如來智有二種大。一攝功德大。二清淨大。攝功德大者有五種。一者神力攝功德大。如經是菩薩見如來智慧不可思議故。二者無比攝功德大。無有敵對。如經無等故。三者大義攝功德大。廣能利益無量衆生。如經無量故。四者無譏嫌攝功德大。希有難得。如經難得故。五者不同攝功德大。諸外道不雜。如經無雜故。清淨大者。離煩惱使苦得涅槃故。離煩惱使者。離煩惱習無明不雜。如經無惱故。離苦者。苦根本盡憂悲隨盡。如經無憂故。得涅槃者。如經能至無畏安隱大城故。菩薩至涅槃城不復退還。而能利益眾生。得世間出世間涅槃勝事。如經不復轉還故。見能救無量苦惱眾生故。依無救眾生起十種殊勝心。

經曰菩薩如是見如來智無量。見一切有爲行無量苦惱。復於一切眾生轉生殊勝十心。何等爲十。所謂眾生可愍孤獨無救生殊勝心。恒常貧窮生殊勝心。三毒之火熾然不息生殊勝心。閉在三有牢固之獄生殊勝心。常爲煩惱諸惡稠林所覆生殊勝心。無正觀力生殊勝心。遠離善法心無喜樂生殊勝心。失諸佛妙法生殊勝心。而常隨順世間水流生殊勝心。失涅槃方便生殊勝心。是名生殊勝十心。

論曰是中無救者以孤獨故。孤獨無救。有九種。一恒常貧窮孤獨無救。二三毒之火熾然不息孤獨無救。三閉在三有牢固之獄孤獨無救。四常爲煩惱諸惡稠林所覆孤獨無救。五無正觀力孤獨無救。六遠離善法心無喜樂孤獨無救。七失諸佛妙法孤獨無救。八而常隨順世間水流孤獨無救。九失涅槃方便孤獨無救。是中依欲求衆生心無厭足。於他資財求無休息。此二應知。如經恒常貧窮生殊勝心故。三毒之火熾然不息生殊勝心故。依有求衆生六道世間輪轉故。彼因煩惱所覆故。常生難處故。如是三句次第應知。如經閉在三有牢固之獄生殊勝心故。常爲煩惱諸惡稠林所覆生殊勝心故。無正觀力生殊勝心故。依梵行求衆生不起勝念者。懷增上慢者。無入涅槃心者。妄行外道者。如是四句次第應知。如經遠離善法心無喜樂生殊勝心故。失諸佛妙法生殊勝心故。而常隨順世間水流生殊勝心故。失涅槃方便生殊勝心故。次說救度衆生精進行發此十心。

經曰。是菩薩見諸衆生界如是具受種種苦惱。已發大精進行。是諸衆生我應救我應解。應令清淨應令得脫。應著善處。應令安住。應令歡喜。應知所宜。應令得度。應令涅槃。

論曰何處救度以何救度云何救度成。此分別救度衆生差別。何處救度者。於業妄想中煩惱妄想中生妄想中。如經我應解故。應令清淨故。應令得脫故。如是次第我應救度故。以何救度者。授三學攝取故。勸置持戒處故。勸住定慧處故。如經應著善處故。應令安住故。如是次第三昧地故。定慧合說。復勸置持戒處有二種。一除疑網令信戒故。如經應令歡喜故。二已入戒者令心樂住安固不動。如經應知所宜故。復勸住定慧處滅除掉沒隨煩惱使。如經應令得度故。云何救度成者。令得二種涅槃界。如經應令涅槃故。是名修行護小乘行。云何修行方便攝行。

經曰菩薩如是善厭離一切有爲行已。深念一切衆生界。趣一切智智無量利益。即時依如來智慧救度衆生。作是思惟。此諸衆生墮在大苦煩惱業中。以何方便行而拔濟之令住涅槃畢竟之樂。

論曰是中厭離深念利益示現三種因。一者遠離妄想因。善厭離一切有爲行故。二者不捨世間因。深念一切衆生故。三者發精進因。趣一切智智無量利益故。於中趣利益處者。能修行彼道故。深念者能善化衆生故。依如來智慧救度衆生。此言示現發起方便攝行。如經作是思惟此諸衆生墮在大苦煩惱業中。以何方便行而拔濟之令住涅槃畢竟之樂故。墮在大苦煩惱業中者苦者生妄想。煩惱者煩惱妄想。業者業妄想。涅槃畢竟樂者。無上涅槃故。是中方便攝行有三種。一證畢竟盡。二起上上證畢竟盡。三彼起依止行。

經曰是菩薩作如是念。不離無障礙解脫智處。彼無障礙解脫智處。不離一切法如實覺。彼一切法如實覺。不離無行無生行慧。如是智慧光明。不離禪方便決定智慧觀。彼禪方便決定智慧觀。不離聞慧方便。

論曰證畢竟盡者。住無障礙解脫智中。如經是菩薩作如是念。不離無障礙解脫智處故。彼盡以如來所說一切法隨順如實覺起。以此如實覺起彼無障礙解脫智。如經彼無障礙解脫智處不離一切法如實覺故。此自相同相無分別行慧。如經彼一切法如實覺不離無行無生行慧故。如是智慧光明不離禪方便決定智慧觀者。彼慧此中名光明。依是光明故名明地。彼菩薩於禪定中方便決定智慧觀。如經彼禪方便決定智慧觀不離聞慧方便故。彼禪方便者。得勝進禪故。決定者。於他決定故。智慧觀者。自智慧觀故。是名起上上證畢竟盡。彼如是智慧觀依聞慧方便得。此是彼起依止行。聞慧方便是起所依。是故修行是名彼起依止行。是中行者。日夜求法聞法。如是次第依教依義。

經曰菩薩如是正觀知已。轉復勤修求正法行。日夜常求。聞法喜法樂法依法隨法益法思法究竟法歸依法隨順行法。

論曰是中求正法行者。依經教依義如前說。日夜常求聞法喜法樂法者。無慢心無妬心無折伏他心問義故。依法者。依大乘教法自見正取不忘失故。隨法益法思法者。依讀誦依爲他說依靜處思義故。究竟法者。依定修行故。歸依法者。依出世間智故。隨順行法者。依解脫於諸佛解脫法隨順彼行故。是中求正法行常求聞法。此初二句示現常勤行故。喜法等九句示現正修行故。彼常勤行以何爲因。示現恭敬重法畢竟盡故。彼菩薩以財爲首。於財寶中及王位處。或生天處。世間淨中及以己身以法爲重。

經曰菩薩如是方便求佛法故。無有諸財錢穀倉庫寶藏等事而不能捨。於此物中不生難想。但於說法者生難遭想。是菩薩爲求佛法故。無有所用外財而不能捨。無有內財而不能捨。無有所作供給尊事而不能行。無有憍慢我慢大慢等而不能捨。質直柔軟故。無有身苦而不能受。是菩薩得成就勝財心。若聞一句未曾聞法。勝得滿三千大千世界珍寶。是菩薩得聞一偈正法生上財想。勝得轉輪聖王位。復得勝財心。若得未曾聞法能淨菩薩行。勝得釋提桓因梵天王處無量劫住。是菩薩若有人來作如是言。我與汝佛所說法一句能淨菩薩行。汝今若能入大熾然火坑受大苦者。當以相與。是菩薩作如是念。我受一句佛所說法能淨菩薩行故。尚於三千大千世界滿中大火從梵天投下。何況入小火坑。我等法應盡受一切諸地獄苦猶應求法。何況人中諸小苦惱。菩薩如是發精進行。修諸正法隨所聞法。於寂靜處悉能正觀。

論曰彼菩薩爲重法故能捨一切財物。如經菩薩如是方便求佛法。乃至但於說法者生難遭想故。彼財所得處田宅等外財彼亦能捨。如經是菩薩爲求佛法故。無有所用外財而不能捨故。及彼財所爲內法此亦能捨。如經無有內財而不能捨故。及彼所爲是亦能捨。身行恭敬奉給等。如經無有所作供給尊事而不能行故。誰於此物能得能捨。彼高大意此亦能捨。如經無有憍慢我慢大慢等而不能捨。質直柔軟故。所應護者彼亦能捨。種種身苦而無不受。如經無有身苦而不能受故。於得衆多勝妙財寶然不愛樂。重法心成故。如經是菩薩得成就勝財心。乃至勝得滿三千大千世界珍寶故。是名於財中勝。云何王位等中勝。是菩薩得法轉生喜心成就。勝得轉輪王位釋梵天王等。如經是菩薩得聞一偈正法生上財想。乃至勝得釋提桓因梵天王處無量劫住故。爲求法故投身滿三千大千世界熾然火中。及地獄中久受苦惱。如經是菩薩若有人來作如是言。我與汝佛所說法一句。乃至何況人中諸小苦惱故。是中聞一句法者。謂聞字句法。得聞一偈法者。謂聞偈法故。能淨菩薩行者。謂聞義故。此正修行以何爲因。示現依寂靜處思惟正觀故。如經菩薩如是發精進行。乃至悉能正觀故。云何厭分。是菩薩聞諸法已。知如說修行乃得佛法。入禪無色無量神通彼非樂處。於中不染必定應作故。

經曰是菩薩聞諸法已。降伏其心於空閑處心作是念。如說行者乃得佛法。不可但以口之所言而得清淨。是菩薩住此明地因如說行故。即離諸欲惡不善法有覺有觀離生喜樂入初禪行。是菩薩滅覺觀內清淨心一處無覺無觀定生喜樂入二禪行。是菩薩離喜行捨憶念安慧身受樂諸賢聖能說能捨念受樂入三禪行。是菩薩斷苦斷樂先滅憂喜不苦不樂。捨念清淨入四禪行。是菩薩過一切色想。滅一切有對想。不念一切別異想。知無邊虛空即入無邊虛空處行。是菩薩過一切無邊虛空想。知無邊識即入無邊識處行。是菩薩過一切無邊識想。知無所有即入無所有處行。是菩薩過一切無所有處。知非有想非無想安隱。即入非有想非無想處行。但隨順法行故而不樂著。

論曰以何義故。入禪無色無量神通。爲五種衆生故。一爲禪樂憍慢衆生故入諸禪。二爲無色解脫憍慢衆生故入無色定。三爲苦惱衆生令安善處永與樂故。應解彼苦令不受故。入慈悲無量。四爲得解脫衆生故。入喜捨無量。五爲邪歸依衆生故。入勝神通力。令正信義故。此地得不退禪故。名爲三昧地。前地非無三昧此地勝故。是中禪無色差別有四種。一離障。二修行對治。三修行利益。四彼二依止三昧。是初禪中離諸欲惡不善法是名離障。如經即離諸欲惡不善法故。有覺有觀是名修行對治。如經有覺有觀故。喜樂是名修行利益。如經離生喜樂故。入初禪行是名彼二依止三昧。如經入初禪行故。第二禪中滅覺觀是名離障。如經滅覺觀故。內淨是名修行對治滅覺觀障。如經內清淨心一處無覺無觀故。心一處者。修無漏不斷三昧行一境故。定生喜樂是名修行利益。如經定生喜樂故。入二禪行是名彼二依止三昧。如經入二禪行故。第三禪中離喜是名離障。如經離喜故。行捨憶念安慧是名修行對治。如經行捨憶念安慧故。身受樂是名修行利益。如經身受樂故。入三禪行是名彼二依止三昧。如經入三禪行故。第四禪中斷苦斷樂先滅憂喜是名離障。如經斷苦斷樂先滅憂喜故。捨念清淨是名修行對治。如經捨念清淨故。不苦不樂是名修行利益。如經不苦不樂故。入四禪行是名彼二依止三昧。如經入四禪行故。無色三摩跋提亦有四種。一離障。二修行對治。三修行利益。四彼二依止三昧。過一切色想者。過眼識想故。滅一切有對想者。耳鼻舌身識和合想滅故。不念一切別異想者。不念意識和合想故。意識分別一切法故。說別異想是名離障。如是對治過色等境界想。不分別色等境界見無我故。是名修行對治。知無邊虛空者。是名修行利益。即入無邊虛空行者。是名彼二依止三昧。過一切無邊虛空想者。是名離障。如是對治過彼無邊虛空見外念麤分別過患是名修行對治。知無邊識者。是名修行利益。即入無邊識行者。是名彼二依止三昧。過一切無邊識想者。是名離障。如是對治過彼無邊識見麤事念分別過患。是名修行對治知無所有者。是名修行利益。即入無所有行者。是名彼二依止三昧。過一切無所有想者。是名離障。如是對治過彼無所有見麤念分別過患。是名修行對治。知非有想非無想安隱者。是名修行利益。即入非有想非無想行者。是名彼二依止三昧。已說厭分。

云何厭果。謂四無量五神通等。云何四無量。

經曰。是菩薩慈心隨順廣大無量不二。無瞋恨無對無障無惱害。遍至一切世間處法界世間最究竟虛空界。遍覆一切世間行。如是菩薩悲心隨順喜心。隨順捨心。隨順廣大無量不二。無瞋恨無對無障無惱害。遍至一切世間處法界世間最究竟虛空界。遍覆一切世間行。

論曰。無量有三種。一衆生念。二法念。三無念。衆生念者。有四種相差別。一與樂。二障對治。三清淨。四攝果。云何與樂。與三種樂。一與欲界樂。二與色界同喜樂。三與不同喜樂。彼離苦離喜故。不二者。亦是廣大無量。如經是菩薩慈心隨順廣大無量不二故。云何障對治。與不愛者與愛。此障對治。如經無瞋恨無對故。云何清淨。正斷身心不調睡眠掉悔諸蓋等。如經無障故。云何攝果。欲色界中受正果習果無苦事故。如經無惱害故。云何法念。遍一切處所有欲色無色界凡夫。有學無學衆生等法。及衆生所有分別作者皆能念知。如經遍至一切世間處故。無念者有二種。一自相無念。觀法無我世間中最。如經法界世間最故。二遍至無盡觀。如經究竟虛空界故。一切世間者。一切世界普行故。如經遍覆一切世間行故。諸神通者。四通明智第五明見。初一神通身業清淨。天耳他心智二通口業清淨。宿命生死智二通意業清淨。一身通能到衆生所。天耳他心二通能知說法音聲義故。以知他心故。隨種種言音皆能盡知。依於此義種種異名說隨衆生用故。去來二通盡知衆生過去未來所應受化故。云何身通。

經曰。是菩薩現無量神通力能動大地。一身爲多身多身爲一身。現沒還出石壁山障皆能徹過如行虛空。於虛空中加趺而去猶如飛鳥。入出於地如水無異。履水如地。身出煙焰如大火聚。身中出水猶如大雲。日月有大神德有大威力而能以手捫摸摩之。身力自在乃至梵世。是菩薩以天耳界清淨過人。悉聞人天二種音聲若近若遠乃至蚊虻蠅等悉聞其聲。是菩薩以他心智如實知他眾生心及心數法。有貪心如實知有貪心。離貪心如實知離貪心。如實知有瞋心離瞋心有癡心離癡心。如實知有染心離染心小心廣心大心無量心攝心不攝心住定心不住定心解脫心不解脫心求心不求心。上心如實知上心。非上心如實知非上心。如是以他心智如實知他眾生心及心數法。是菩薩如實念知無量宿命諸所生處。亦能念知一生二三四五乃至十二十三十四十五十。亦能念知百生。念知無量百生無量千生無量百千生。念知成劫壞劫及成壞劫無量成壞劫。乃至念知百劫千劫百千劫億劫百億劫千億劫百千億劫。乃至念知無量百千萬億那由他劫。我本在某處。如是名如是姓如是生如是色如是飲食如是壽命如是久住。如是受苦樂。我於彼死生於此間。於此間死生於彼間。如是過去世種種相貌。說姓相等皆能念知。是菩薩天眼界清淨過人。見諸衆生。若生若死形色好醜善行不善行貧賤富貴。是諸衆生隨所造業皆如實知。是諸衆生成就身惡業。成就口惡業。成就意惡業。謗諸賢聖成就邪見。及邪見業因緣故。身壞命終必墮惡道生地獄中。是諸衆生成就身善業。成就口善業。成就意善業。不謗賢聖成就正見。及正見善業因緣故。身壞命終必生善道及諸天中。如是菩薩天眼界清淨過人。相貌姓名。見諸衆生若生若死形色好醜善行不善行貧賤富貴。是諸衆生隨業受報皆如實知。是菩薩於禪解脫三昧三摩跋提能入能出。而不隨禪解脫力生。隨見能滿菩提分法處。以願力故而生其中。

論曰身通者。得勝自在應知。自在有三種。一世界自在。能動世界大地。如經是菩薩現無量神通力能動大地故。二身自在。彼能散合隱顯。如經一身爲多身多身爲一身現沒還出故。三作業自在。作業有八種。一者傍行無礙。如經石壁山障皆能徹過如行虛空故。二者上行。如經於虛空中加趺而去猶如飛鳥故。三者上下行。如經入出於地如水無異故。四者涉水不沒。如經履水如地故。五者其身熾然。如經身出煙焰如大火聚故。六者身能注水。如經身中出水猶如大雲故。七者身能摩捫。如經日月有大神德有大威力而能以手捫摸摩之故。八者自在。乃至梵世間器世間隨意轉變得自在故。如經身力自在乃至梵世故。天耳通者。隨能聞所聞如實示現清淨諦聞故。過人者。遠聞故過人聲者下乃至阿鼻地獄等聲悉能聞故。如經是菩薩以天耳界清淨過人故。隨人天等所作音聲現聞明了。乃至蚊虻蠅等微細音聲亦能聞故。如經悉聞人天二種音聲若近若遠乃至蚊虻蠅等悉聞音聲故。他心通者。他心差別有八種。一隨煩惱。二使。三生。四學三昧行。五得三昧。六得解脫。七妄行正行。八餘凡夫增上慢。隨煩惱者。與貪瞋等和合。如經是菩薩以他心智如實知他衆生心及心數法。有貪心如實知有貪心乃至離癡心故。使者。有煩惱離煩惱等。如經如實知有染心離染心故。生者。人中小欲天中廣色天中大。無色二解脫中無量。如經小心廣心大心無量心故。學三昧行者。散心不散心。如經攝心不攝心故。得三昧者。入定不入定時及在定起時。如經住定心不住定心故。得解脫者。有縛無縛。如經解脫心不解脫心故。妄行正行者。於名聞中現起悕望順不順故。如經求心不求心故。餘凡夫增上慢者。麤細習行故。如經上心如實知上心。非上心如實知非上心故。宿命智通者。誰能念智能念故。如經是菩薩如實念知無量宿命諸所生處故。念何等事。如經亦能念知一生乃至念知無量百千萬億那由他劫故。云何念因名字差別。如經我本在某處如是名故。家差別。如經如是姓故。貴賤差別。如經如是生故。好醜差別。如經如是色故。供饍差別。如經如是飲食故。業行差別。如經如是壽命如是久住故。衰利成壞差別。如經如是受苦樂我於彼死生於此間於此間死生於彼間故。是中家差別者。謂父母差別。貴賤差別者。剎利婆羅門等差別。業行差別者。命差別時非時死故。是中種種相貌者。一切諸相差別。如經種種相貌故。說者名稱。如經說故。姓相者家姓等故。如經姓相等皆能念知故。復有異義亦能念知一生二生。如是等是名相貌。說者。名等故。相者。我於彼死生於此間。如是等皆能念知故。生死智通者。誰能見。以天眼見故。清淨者審見故。過人者遠見故。如經是菩薩以天眼界清淨過人故。見何等事。謂衆生生死等。如經見諸衆生若生若死乃至隨所造業皆如實知故。云何見。如經是諸衆生成就身惡業乃至隨業受報皆如實知故。餘者如前二地中說。善惡業報此亦如是應知。是中禪者四禪。解脫者四無色定。三昧者四無量。三摩跋提者五神通。能入能出者。即生心時隨心用現在前故。而不隨禪解脫力生者。彼淳厚深念心此成就示現。隨見能滿菩提分法處者。與諸佛大菩薩共生一處故。如經是菩薩於禪解脫乃至以願力故。而生其中故。

經曰是菩薩住菩薩明地已多見諸佛。以大神通力大願力故。見多百佛多千佛多百千佛多百千那由他佛多億佛多百億佛多千億佛多百千億佛多百千萬億那由他佛。以大神通力大願力故。是菩薩見諸佛時。以上心深心供養恭敬尊重讚歎。衣服飲食臥具湯藥一切供具悉以奉施。以諸菩薩上妙樂具供養眾僧。以此善根皆願迴向阿耨多羅三藐三菩提。於諸佛所生上恭敬心專心聽法。聞已受持如說修行。是菩薩觀一切法不生不滅因緣而有。

論曰一切法不生不滅者。於清淨法中不見增。於煩惱妄想中不見減。因緣集生故。彼清淨中。無一法可增。彼煩惱妄想中無一法可減。然依對治因緣故。離煩惱妄想。轉勝清淨般若現前。如經觀一切法不生不滅因緣而有故。

經曰是菩薩一切欲縛轉復微薄。一切色縛一切有縛一切無明縛皆悉微薄。諸見縛者先已除滅。是菩薩住菩薩明地已。無量百劫無量千劫無量百千劫無量百千那由他劫無量億劫無量百億劫無量千億劫無量百千億劫無量百千萬億那由他劫。不復現集斷於妄貪。不復現集斷於妄瞋。不復現集斷於妄癡。是菩薩彼諸善根轉增明淨。諸佛子。譬如本眞金巧師鍊治秤兩等住轉更精好光明倍勝。諸佛子。菩薩亦復如是。住菩薩明地已。無量百劫乃至無量百千萬億那由他劫。不復現集斷於妄貪。不復現集斷於妄瞋。不復現集斷於妄癡。彼諸善根轉增明淨。是菩薩忍辱安樂心轉復明淨。同和心柔軟心不瞋心不動心不濁心不高下我心眾生所作不悕望心有所施作不望報心不諂曲心不稠林心轉復清淨。是菩薩四攝法中利益增上。十波羅蜜中忍辱波羅蜜增上。餘波羅蜜非不修習隨力隨分。諸佛子。是名略說菩薩第三菩薩明地。

論曰一切欲縛轉復微薄者。斷一切修道欲色無色界所有煩惱。及彼因同無明習氣。皆悉微薄遠離故。諸見縛者。於初地中見道時已斷。如經是菩薩一切欲縛轉復微薄。乃至諸見縛者先已除滅故。不復現集斷於妄貪等者。斷不善根使習氣行。非斷麤煩惱。麤煩惱前地已斷。如經是菩薩住菩薩明地已無量百劫乃至彼諸善根轉增明淨故。眞金喻者。示現不減秤兩等住故。菩薩住明地。厭離世間勝於前地自在不失故。如經諸佛子。譬如本眞金乃至彼諸善根轉增明淨故。是菩薩忍辱安樂心轉復明淨者。他人加惡心能忍受善護他心。如經是菩薩忍辱安樂心轉復明淨故。加惡不改善護他心。分別示現作惡懷疑。現同伴侶愛語誨誘。如經同和心故。柔軟心故。加惡不瞋聞罵不報不生憂惱。如經不瞋心故。不動心故。不濁心故。過去不憍慢自與善語。如經不高下我心故。心不悕望他人恭敬。如經衆生所作不悕望心故。於所作事心不求報。如經有所施作不望報心故。非不實心作利益行。及無偏心等作利益故。如經不諂曲心故。微細隱覆垢心皆悉遠離。如經不稠林心轉復清淨故。

經曰菩薩住是地中。多作忉利天王得法自在。能除衆生貪欲等諸煩惱垢。以善方便力拔濟眾生諸欲淤泥。所作善業布施愛語利益同事。是諸福德皆不離念佛念法念僧念菩薩念菩薩行念波羅蜜念十地念不壞力念無畏念不共佛法。乃至不離念具足一切種一切智智。常生是心。我當於一切眾生中爲首爲勝爲大爲妙爲微妙爲上爲無上爲導爲將爲師爲尊。乃至爲一切智智依止者。復從是念發精進行。以精進力故。於一念間得百千三昧。得見百千佛。知百千佛神力。謂動百千佛世界。能入百千佛世界。能照百千佛世界。能教化百千佛世界眾生。能住壽百千劫。能知過去未來世各百千劫事。能善入百千法門。能變身爲百千於一一身能示百千菩薩以爲眷屬。若以願力自在勝上。菩薩願力過於此數。示種種神通力。或身或光明或神通或眼或境界或音聲或行或莊嚴或加或信或業。是諸神通。乃至無量百千萬億那由他劫。不可數知。

論曰此地攝報果願智力果。如初地中釋。

十地經論明地第三　卷之五竟

十地經論焰地第四　卷之六

天親菩薩造

後魏北印度三藏菩提流支等譯

論曰第四焰地依彼淨三昧聞持如實智淨顯示故。此地差別有四分。一清淨對治修行增長因分。二清淨分。三對治修行增長分。四彼果分。清淨對治修行增長因者。謂十法明入。

經曰爾時金剛藏菩薩言。諸佛子。若菩薩得第三菩薩地具足清淨明已欲得第四菩薩地者。當以十法明入得入第四地。何等爲十。一思量衆生界明入。二思量世界明入。三思量法界明入。四思量虛空界明入。五思量識界明入。六思量欲界明入。七思量色界明入。八思量無色界明入。九思量勝心決定信界明入。十思量大心決定信界明入。菩薩以此十法明入得入第四地。

論曰法明入者。得證地智光明。依彼智明入如來所說法中。彼智名法明入。彼所說法正觀思量如實知。二處順行故。此思量有十種差別。思量分別衆生界假名差別。如經思量衆生界明入故。依住分別。如經思量世界明入故。染分別。如經思量法界明入故。無盡分別。如經思量虛空界明入故。染淨依止分別。如經思量識界明入故。煩惱使染分別。如經思量欲界明入故。思量色界明入故。思量無色界明入故。淨分別。如經思量勝心決定信界明入故。思量大心決定信界明入故。是中煩惱使染者謂三界。淨者後二句。一依煩惱不染。二依不捨衆生聲聞等同不同義故。云何清淨分。即於如來家轉有勢力故。

經曰諸佛子。是菩薩得菩薩焰地。即於如來家轉有勢力。得彼內法故。以十種法智教化成熟故。何等爲十。一不退轉心故。二於三寶中決定恭敬畢竟盡故。三分別觀生滅行故。四分別觀諸法自性不生故。五分別觀世間成壞故。六分別觀業有生故。七分別觀世間涅槃故。八分別觀眾生世界業差別故。九分別觀前際後際差別故。十分別觀無所有盡故。諸佛子。菩薩如是。十種法智教化成熟。即於如來家轉有勢力。得彼內法故。

論曰云何即於如來家轉有勢力。依止多聞智究竟故。除滅智障攝勝故。此如是淨勝如來家。是故名得彼內法。如來自身所有諸法。以是諸法顯示如來。謂十種法智教化成熟故。此法明人同時得應知。彼復四種智教化故。名法智教化成熟。四種智者。一自住處畢竟智。如經不退轉心故。二同敬三寶畢竟智。如經於三寶中決定恭敬畢竟盡故。三眞如智。如經分別觀生滅行故。分別觀諸法自性不生故。四分別所說智。如經分別觀世間成壞故。分別觀業有生故。分別觀世間涅槃故。分別觀眾生世界業差別故。分別觀前際後際差別故。分別觀無所有盡故。菩薩自住處者。謂大乘法。是中初二法者。

不退轉心於三寶中決定恭敬畢竟盡心。是初二智。自住處畢竟智。同敬三寶畢竟智。教化成熟故。次二法分別觀生滅行。分別觀諸法自性不生。是眞如智。謂衆生法無我觀。如是次第分別應知。餘者是分別所說智。彼復依煩惱染淨故。隨煩惱染。以何煩惱染。所有淨。隨所淨。云何隨煩惱染順器世間故。如經分別觀世間成壞故。衆生世間生同因受生故。如經分別觀業有生故。何者煩惱染謂世間。何者所有淨。謂涅槃。如經分別觀世間涅槃故。云何隨所淨。諸佛世界中教化衆生自業成熟故。如經分別觀衆生世界業差別故。煩惱染及淨。謂前際後際。如經分別觀前際後際差別故。彼前際後際不損不益。如經分別觀無所有盡故。於染法中不見一法可減。於淨法中不見一法可增故。云何對治。修行增長有二種。一修行護煩惱染。二修行護小乘。何者護煩惱染修行菩提分法故。

經曰諸佛子。是菩薩住此菩薩焰地已。觀内身循身觀。精勤一心除世間貪憂。觀外身循身觀。精勤一心除世間貪憂。觀内外身循身觀。

精勤一心除世間貪憂。如是觀内受外受内外受。如是觀内心外心内外心。如是觀内法循法觀。精勤一心除世間貪憂。觀外法循法觀。精勤一心除世間貪憂。觀内外法循法觀。精勤一心除世間貪憂。是菩薩未生諸惡不善法爲不生故。欲生勤精進發心正斷。已生諸惡不善法爲斷故。欲生勤精進發心正斷。未生諸善法爲生故。欲生勤精進發心正行。已生諸善法爲住不失修滿增廣故。欲生勤精進發心正行。是菩薩修行四如意分欲定斷行成就。修如意分依止厭依止離依止滅迴向於捨。精進定斷行成就。修如意分依止厭依止離依止滅迴向於捨。心定斷行成就。修如意分依止厭依止離依止滅迴向於捨。思惟定斷行成就。修如意分依止厭依止離依止滅迴向於捨。是菩薩修行信根。依止厭依止離依止滅迴向於捨。修行精進根。依止厭依止離依止滅迴向於捨。修行念根。依止厭依止離依止滅迴向於捨。修行定根。依止厭依止離依止滅迴向於捨。修行慧根。依止厭依止離依止滅迴向於捨。是菩薩修行信力。依止厭依止離依止滅迴向於捨。修行精進力。依止厭依止離依止滅迴向於捨。修行念力。依止厭依止離依止滅迴向於捨。修行定力。依止厭依止離依止滅迴向於捨。修行慧力。依止厭依止離依止滅迴向於捨。是菩薩修行念覺分。依止厭依止離依止滅迴向於捨。修行擇法覺分。依止厭依止離依止滅迴向於捨。修行精進覺分。依止厭依止離依止滅迴向於捨。修行喜覺分。依止厭依止離依止滅迴向於捨。修行猗覺分。依止厭依止離依止滅迴向於捨。修行定覺分。依止厭依止離依止滅迴向於捨。修行捨覺分。依止厭依止離依止滅迴向於捨。是菩薩修行正見。依止厭依止離依止滅迴向於捨。修行正思惟。依止厭依止離依止滅迴向於捨。修行正語。依止厭依止離依止滅迴向於捨。修行正業。依止厭依止離依止滅迴向於捨。修行正命。依止厭依止離依止滅迴向於捨。修行正精進。依止厭依止離依止滅迴向於捨。修行正念。依止厭依止離依止滅迴向於捨。修行正定。依止厭依止離依止滅迴向於捨。

論曰云何修行護小乘。不捨一切衆生故。修行助菩提分法。

經曰是菩薩以不捨一切衆生心故行。以本願起淳至故。大悲爲首故。大慈成就故。觀一切智智故。爲起莊嚴佛國故。爲具佛諸力無畏不共佛法相好莊嚴具足妙聲故。爲求上上勝行故。爲隨順聞甚深佛法解脫故。爲思惟大方便故行。

論曰不捨一切衆生心者。此不捨衆生心有四種。一始二益三悕四行。始者本願故。如經以本願起淳至故。益者憐愍故。如經大悲爲首故大慈成就故。悕者求佛智故。如經觀一切智智故。行者修行故。修行有五種。一者修淨土行。如經爲起莊嚴佛國故。二者修起佛法行。如經爲起如來力無畏不共佛法相好莊嚴具足妙聲故。妙聲者法蠡聲故。三者修彼地方便無厭足行。如經爲求上上勝行故。四者修入不退轉地行。如經爲隨順聞甚深佛法解脫故。五者修教化衆生行。如經爲思惟大方便故行。是名對治修行增長分。云何對治修行增長果分。

經曰是菩薩所有身見爲首。我人眾生壽命。陰界入我慢所起出沒等事思惟多觀。治故我故護故。貪著處故。是菩薩如是等事。皆悉斷滅。

論曰對治修行增長果者。我知大知我修是我所修。如是等出沒等事皆悉滅故。出者三昧起義故。沒者三昧滅義故。彼復有五種。一本二起三行四護五過。是中本者依身見爲本故。衆生我慢法我慢如是差別。如經是菩薩所有身見爲首。我人衆生壽命陰界入我慢。所起出沒等事故。起者起不正思惟。如經思惟故。行者令他知。如經多觀故。護者數數觀故。起我想故。受持故。如經治故我故護故。過者心安處諸事等。如經貪著處故。如是學行事中出沒等皆悉遠離。如經是菩薩如是等事皆悉斷滅故。此是依煩惱染生遠離果。

經曰是菩薩所有不可作業。如來所呵諸煩惱染。一切不行。所有可作業隨順菩薩行。如來所讚一切正修行。

論曰所有不可作業者。有二種事故不應作。一不尊敬如來佛不讚歎故。二畏惡名聞生煩惱故。如經是菩薩所有不可作業。乃至一切不行故。所有可作業者有二種事。是故應作。一見無惡名利隨順菩薩行故。二尊敬如來佛讚歎故。如經所有可作業乃至一切正修行故。此是依業染生遠離果。是菩薩轉復隨所隨所方便智所起修行助道分。如是如是成潤益心。如是等四十句顯示四種果。一者於勝功德中生增上欲心。二者彼說法尊中起報恩行。三者彼方便行中發勤精進。四者彼增上欲本心界滿足。云何於勝功德中生增上欲心。

經曰是菩薩轉復隨所隨所方便智所起修行助道分。如是如是成潤益心軟心調心安隱樂心不染心。轉求上上勝行心。轉求勝智心。救一切世間心。恭敬諸師隨順受教心。隨所聞法修行心。

論曰是中隨所隨所方便智所起修行者不捨一切衆生修行故。如前說。助道分者。謂一切菩提分法道支故。如是如是成潤益心者。深欲愛敬故。彼潤益心有三種相。一樂行勝。如經軟心故。二三昧自在勝。如經調心故。三離過對治勝。如經安隱樂心故。彼過復有六種。一爲食過。或說法中妬心過。此對治。如經不染心故。二少欲功德過。不樂多布施頭陀等。此對治。如經轉求上上勝行心故。三少欲智過。不好求勝智。此對治。如經轉求勝智心故。四懈怠過。不勤化衆生。此對治。如經救一切世間心故。五自見取過。於尊教法心不隨順。此對治。如經恭敬諸師隨順受教心故。六捨爲首過。不隨說行。此對治。如經隨所聞法修行心故。如是成潤益心。此十句是名於勝功德中生增上欲心果。云何彼說法尊中起報恩行。

經曰。是菩薩如是成知恩心知報恩心轉柔和同止安樂直心軟心無稠林行。無有諂曲。無有我慢。善受教誨得說者意。如是善心成就。如是寂滅心成就。如是善寂滅心成就。

論曰。彼說法尊中起報恩行。彼知恩心第二十句示現。是中彼成知恩心者。隨順行報恩行。報恩行者有九種。依尊起報恩心。如經知報恩故。依同法者。起將護心。如經心轉柔和故。同止安樂故。依法行隨順受教發事能忍。如經直心故。軟心故。依受用食於施主所自過不覆。不妄說己德。如經無稠林行故。無有諂曲故。依自勝功德不起高心。如經無有我慢故。依教正受語。如經善受教誨故。依教不顚倒受。如經得說者意故。菩薩如是於彼尊所修報恩行。成如是善心成就者。是對治修行增長故。如是寂滅心成就者。是初對治。修行增長力故。如是善寂滅心成就者彼果。前二句顯是名彼說法尊中起報恩行果。云何彼方便行中發勤精進。

經曰是菩薩如是成不休息精進。不雜染精進。不退精進。廣精進。無邊精進。光明精進。無等精進。不壞精進。教化一切衆生精進。善分別是道非道精進。

論曰彼方便行中發勤精進。成不休息精進。第三十句示現不休息精進有九種。一彼精進行平等流注。如經不雜染精進故。雜染者。共懈怠共染若過若不及故。二自乘不動。如經不退精進故。三廣念。如經廣精進故。四爲無量衆生作利益願攝取故。如經無邊精進故。五常至心順行。如經光明精進故。六修習過餘精進。如經無等精進故。七一切魔煩惱行不能破壞。如經不壞精進故。八攝取故。如經教化一切衆生精進故。九能斷疑惑降伏他言。正修習故。如經善分別是道非道精進故。是名彼方便行中發勤精進果。云何彼本心界滿足。

經曰是菩薩深心界轉清淨深心界不失。信解界轉明利。生善根增長。遠離世間垢濁。斷諸疑心。無有疑網現前具足。成就喜樂。如來現前加。無量深心現前成就。

論曰彼心界轉清淨第四十句示現。心界者依菩提分心初句示現。心界清淨有九種。一彼道心修行增益。如經深心界不失故。二於勝上證中轉生決定心。如經信解界轉明利故。三彼因對治增長。如經生善根增長故。四滅除諸障。如經遠離世間垢濁故。五除此地祕密疑事。如經斷諸疑心故。六以斷疑故。於餘處決定。如經無有疑網現前具足故。七依勝樂行。如經成就喜樂故。八依化衆生力。如經如來現前加故。九依現無量三昧心智障清淨。如經無量心現前成就故。是名本心界滿足果。

經曰是菩薩住菩薩焰地已多見諸佛。以大神通力大願力故。見多百佛多千佛多百千佛多百千那由他佛多億佛多百億佛多千億佛多百千億佛多百千萬億那由他佛。以大神通力大願力故。是菩薩見諸佛時。以上心深心。供養恭敬尊重讚歎。衣服飲食臥具湯藥。一切供具悉以奉施。以諸菩薩上妙樂具供養眾僧。以此善根皆願迴向阿耨多羅三藐三菩提。於諸佛所生上恭敬專心聽法。聞已受持隨力修行。於諸佛法中出家修道。是菩薩深心決定信。解轉復明淨。是菩薩住此菩薩焰地無量百千萬億那由他劫深心決定信解平等清淨。彼諸善根轉勝明淨。諸佛子。譬如本眞金巧師鍊治作莊嚴具。成就不失。餘非莊嚴具眞金所不能及。諸佛子。菩薩如是住此菩薩焰地中。彼諸善根成就不退。下地善根所不能及。諸佛子。譬如摩尼寶珠生光。清淨光輪能放光明。成就不壞。餘寶光所不能奪。一切風飄雨漬水澆光明不滅。諸佛子。如是菩薩住此菩薩焰地中。下地菩薩所不能及。一切眾魔及諸煩惱皆不能壞。是菩薩四攝法中同事偏勝。十波羅蜜中精進波羅蜜增上。餘波羅蜜非不修習隨力隨分。諸佛子。是名略說菩薩第四菩薩焰地。若菩薩住此地中。多作須夜摩天王。所作自在破諸眾生身見等事。方便善巧令諸眾生住正見等事。所作善業布施愛語利益同事。是諸福德皆不離念佛念法念僧念菩薩念菩薩行念波羅蜜念十地念不壞力念無畏念不共佛法。乃至不離念具足一切種一切智智常生是心。我當於一切眾生中。爲首爲勝爲大爲妙爲微妙爲上爲無上爲導爲將爲師爲尊乃至爲一切智智依止者。復作是念。發精進行。以精進力故。於一念間得億三昧。能見億佛。能知億佛神力。能動億佛世界。能入億佛世界。能照億佛世界。能化億佛世界眾生。能住壽億劫。能知過去未來世各億劫事。能善入億法門。能變身爲億。於一一身能示億菩薩以爲眷屬。若以願力自在勝上。菩薩願力過於此數。示種種神通。或身或光明或神通或眼或境界或音聲或行或莊嚴或加或信或業。是諸神通。乃至無量百千萬億那由他劫。不可數知。

論曰是菩薩深心決定信解平等清淨。彼諸善根轉勝明淨者。如餘淨地諸菩薩眞金作莊嚴具譬者。喩阿含現作證智莊嚴。示現得證智故。如經譬如本眞金巧師鍊治作莊嚴具成就不失故。摩尼寶生光明喩者。彼證智法明摩尼寶光中。放阿含光明。入無量法門義光明智處普照示現。以是義故。此地釋名爲焰。如經諸佛子譬如摩尼寶珠生光。清淨光輪能放光明成就不壞。餘寶光明所不能奪故。生光者。有光明具足故。清淨光輪者。光明圓滿無垢故。所作自在者。破諸衆生身見等事故。是中作者所作故。自在者能力故。餘如前說應知。

十地經論焰地第四 卷之六竟

十地經論難勝地第五 卷之七

天親菩薩造

後魏北印度三藏菩提流支等譯

論曰第五地中分別有三。一勝慢對治。二不住道行勝。三彼果勝。云何勝慢對治。

經曰爾時金剛藏菩薩言。諸佛子。若菩薩得第四菩薩地善滿諸行已。欲入第五菩薩地。當以十平等深淨心得入第五地。何等爲十。一過去佛法平等深淨心故。二未來佛法平等深淨心故。三現在佛法平等深淨心故。四戒淨平等深淨心故。五心淨平等深淨心故。六除見疑悔淨平等深淨心故。七道非道智淨平等深淨心故。八行斷智淨平等深淨心故。九思量一切菩提分法上上淨平等深淨心故。十化度一切衆生淨平等深淨心故。諸佛子。菩薩以是十種平等深淨心。得入第五菩薩地。

論曰勝慢對治者。謂十平等深淨心。同念不退轉心故。前已說解法慢對治。今此地中說身淨分別慢對治。是中平等深淨心者。於平等中心得清淨。此深淨心分別有十種。十種深淨心者。是諸佛法及隨順諸佛法。彼分別應知。何者是諸佛法。謂三世力等。如經過去佛法平等深淨心故。未來佛法平等深淨心故。現在佛法平等深淨心故。如是三世佛法力等已說。次說隨順諸佛法。彼諸佛法云何得成。因戒定智及化衆生故。是中依戒淨。如經戒淨平等深淨心故。依定淨。如經心淨平等深淨心故。依智淨。如經除見疑悔淨平等深淨心故。道非道智淨平等深淨心故。行斷智淨平等深淨心故。思量一切菩提分法上上淨平等深淨心故。是中行斷智者。思量一切菩提分法上上轉勝故。依教化衆生。如經化度一切衆生淨平等深淨心故。

經曰諸佛子。是菩薩住第五菩薩地已。善修行菩提分法故。善深淨心故。轉求上勝行故。隨順如道行故。得大願力故。以慈悲心不捨一切眾生故。修習功德智慧行故。不休息諸行故。起方便善巧故。照見上上地故。正受如來加故。得念意去智力故。成就不退轉心故。

論曰是中善修行菩提分法。乃至隨順如道行者。皆是正修諸行。善修行菩提分法者。第四菩薩地中修菩提分法善清淨深心故。彼深淨心等悕求勝行。如是不住道行勝破彼慢故。隨順如道行者。彼平等中深淨心不退轉心現成就故。隨彼平等清淨法住。如是菩薩深心安住名爲隨順如道行故。是中隨順如道行有八種。一修習菩提心。如經得大願力故。二不疲惓。如經以慈悲心不捨一切衆生故。三得善根力。如經修習功德智慧行故。四不捨衆行。如經不休息諸行故。五正修行。如經起方便善巧故。六無厭足。如經照見上上地故。七得他勝力。如經正受如來加故。八自身得勝力故。勝念等三慧故。如經得念意去智力故。成就不退轉心故。去者修慧觀。無障礙義故。云何不住道行勝。不住道行勝有二種觀。一所知法中智清淨勝。二利益衆生勤方便勝。以是二法故。不住世間不住涅槃。云何所知法中智清淨勝。

經曰是菩薩如實知。是苦聖諦是苦集諦是苦滅諦。如實知是至滅苦道聖諦。是菩薩善知世諦。善知第一義諦。善知相諦。善知差別諦。善知說成諦。善知事諦。善知生諦。善知盡無生智諦。善知令入道智諦。善知一切菩薩地次第成就諦。及善知集如來智諦。是菩薩隨衆生意令歡喜故。善知世諦。通達一切法一相故。善知第一義諦。覺法自相同相故。善知相諦。覺法差別故。善知差別諦。覺分別陰界入故。善知說成諦。覺身心苦惱故。善知事諦。覺諸道生相續故。善知生諦。畢竟滅一切熱惱故。善知盡無生智諦。起不二行故。善知令入道智諦。正覺一切法相故。善知一切菩薩地次第成就諦。及善知集如來智諦。以信解力故。知非得一切究竟智知。

論曰彼所知法中智清淨勝有二種。實法分別如實知四諦。如經是菩薩如實知苦聖諦乃至如實知至滅苦道聖諦故。二化衆生方便差別十諦差別方便智。如經是菩薩善知世諦乃至及善知集如來智諦故。是中實法分別者。有佛無佛苦集二諦果因差別體是妄想染故。滅道二諦果因差別體是淨法故。化衆生方便差別者。所化衆生差別故。方便差別應知。所化衆生有七種。小乘可化有六種。一爲根未熟衆生故。知世諦方便。二爲根熟衆生故。知第一義諦方便。三爲疑惑深法衆生故。知相諦方便。四爲謬解迷惑深法衆生故。知差別諦方便。五爲離正念衆生故。知說成諦方便。六爲正見衆生義故。知事諦方便。知生諦方便。知盡無生智諦方便。知令入道智諦方便。事諦等四諦苦諦等所攝。七爲大乘可化衆生故。善知一切菩薩地次第成就諦方便及善知集如來智諦方便。如經是菩薩隨衆生意令歡喜故。善知世諦乃至非得一切究竟智知故。是中菩薩地次第者。地地中間如自地次第入。應知一切生處身心受苦惱故。知事諦苦者。所有受者皆是苦事故。起不二行者一行故。正覺一切相者。五明論處善巧知故。信解力故。知者鏡像觀智力。非成就觀智力故。如是所知法中智清淨勝已說。云何利益衆生勤方便勝。以知一切有爲法虛妄相故。起憐愍衆生念。

經曰是菩薩如是善起諸諦智已。如實知一切有爲行。皆是虛妄誑詐誑惑凡夫。菩薩爾時復於衆生中。大悲轉勝而現在前及生大慈光明。

論曰是菩薩如是善起諸諦智已。乃至及生大慈光明者。是中妄想常等不相似無故虛。常作我想慢事故。妄世法盡壞故。誑世法牽取愚癡凡夫故。詐常等相無非有似有故。虛事中意正取我想慢事正取故。妄事是患世法利盡故。誑事牽心世法愚癡凡夫牽取故。詐事相現故言誑惑凡夫。此諸句義應知。凡夫者。依止彼正取我慢身。大悲大慈者憐愍彼衆生。勝利益示現勝彼前地悲故。言大悲不住道行勝故。救衆生方便智成就故。言大慈光明。

經曰是菩薩得如是智慧力。不捨一切眾生。常求佛智慧。如實觀一切有爲行。先際後際。知諸眾生從先際無明有愛故生。流轉世間歸五陰家。不能動發增長苦陰聚。是中無我無壽命無眾生離我我所。皆如實知。後際亦如是。此無所有虛妄貪著分段。盡出有無。皆如實知。

論曰是菩薩得如是智慧力者如前說。不捨一切衆生者。大悲大慈光明亦如前說求佛智慧者。救一切衆生義故。如實觀一切有爲行。先際後際者。隨彼大悲觀示二種相。一如實觀苦因緣集故。如經知諸衆生從先際無明有愛故生。乃至有無皆如實知故。是中從先際無明有愛故生者。此顯凡夫生非菩薩生。菩薩以善巧方便生。何故不言餘因緣分。無明有愛是有分根本故。彼生者。說有三種衆生欲求衆生。妄梵行求衆生有求衆生。乃至依有頂五陰苦聚。是無我事是中自身無我。及彼無我事第一義故無。然後無我依命根力住。數數受生。衆生身心相續。非常非斷故。說有命有衆生。破彼慢取意故。說無命無衆生。遠離能取所取我慢意故。說離我我所前際。以何因隨所有衆生隨所有苦行。彼正觀已。後際亦如是。隨彼苦因。無明愛事盡者名滅。勝世間滅故。出者名道。無亦如實知。有亦如實知。是名一種大悲正觀因緣集念如實苦故。次說第二種大悲正觀深重苦無量世隨逐及種種苦事。

經曰菩薩爾時作如是念。此諸凡夫甚爲可怪愚癡無智有無量無邊阿僧祇身。已滅今滅當滅。如是盡滅已。不能於身生厭離想。轉更增長機關苦身。常隨世間漂流不能得返。歸五陰舍不能捨離。不畏四大毒蛇。不能拔出我慢見箭。不能滅除貪恚癡火。不能破壞無明黑暗。不能乾竭愛著大河。不求十力大聖導師。常入魔意稠林。於生死海中。常爲諸惡覺觀所轉。

論曰大悲正觀深重苦者。無量世隨逐種種苦故。有無量無邊阿僧祇身滅者。無量世隨逐故。云何種種苦觀。生苦故。彼集故。離彼滅道故。如是觀老病死苦故。彼集故。離彼滅道故。是中此身依因緣有機關苦身者。生苦示現。常隨世間漂流不能得返者。集愛示現。歸五陰舍不能捨離者。離彼滅道示現。不畏四大毒蛇者。謂病苦彼增損生故。妄梵行求衆生欲求衆生受欲者。行惡行者。有求衆生者。不能拔出我慢見箭示現。不能滅除貪恚癡火。不能破壞無明黑暗。不能乾竭愛著大河。如是次第彼集示現趣無畏處。不求十力大聖導師。遠離彼滅示現。常入魔意稠林。隨順怨道。遠離彼道示現。於生死海中常爲諸惡覺觀所轉者。一切三界心心數相虛妄分別應知。次說上大慈光明觀行。

經曰我見彼諸眾生受如是苦惱。孤獨無救。無有依者。無有舍者。無有洲者。無究竟者。盲無目者。無明翳藏所纏。愚癡所覆。爲此眾生發如是心。唯我一人獨無等侶。修集功德智慧助道。以是功德智慧助道資糧令一切衆生得住畢竟清淨。乃至使得佛十力無障礙智盡。

論曰彼受如是苦惱者。如前所說。孤獨者。於彼苦中無救拔故。復次孤獨者。於已受苦未受苦中故。言無救無依者。離善知識故。言無有舍者。離聞正法故。言無有洲者。離寂靜思惟故。言無究竟者。離於正見故。言盲無目者。彼障諸舊煩惱及客塵煩惱常起。邪念不聞正法等故。言無明翳藏所纏愚癡所覆。唯我一人獨無等侶者。顯示勇猛勝事。修集功德智慧助道者。顯示修行增長。依彼教化衆生作人天因乃至涅槃因故。畢竟清淨者。勝世間清淨故。得佛十力者。降伏諸魔怨故。無障礙智盡者。勝聲聞辟支佛淨智故。

經曰菩薩如是善觀起智慧力。所修諸善。發願爲救一切衆生故。爲一切衆生作利益故。爲一切衆生得安樂故。愍念一切衆生故。爲令一切衆生無苦惱故。爲令一切衆生得解脫故。爲攝一切衆生故。爲一切衆生心清淨故。爲調伏一切衆生故。發願爲一切衆生令入大涅槃故。

論曰是中善觀起智慧力者。以正觀智調伏衆生故。皆爲救度一切衆生者。拔一切苦惱故。救度有九種。一住不善衆生令住善法。如經爲一切衆生作利益故。二住善法衆生令得樂果。如經爲一切衆生得安樂故。三住貧乏衆生與一切資生之具。如經愍念一切衆生故。四住病苦及諸外緣所惱衆生皆令除斷。如經爲令一切衆生無苦惱故。五世間繫閉衆生令得出離。如經爲令一切衆生得解脫故。有四種相令諸外道信解正法。如經爲攝一切衆生故。疑惑衆生善決定斷疑。如經爲一切衆生心清淨故。已住決定衆生勸修三學。如經爲調伏一切衆生故。已住三學衆生令得涅槃。如經發願爲一切衆生令入大涅槃故。此九種救苦中。初二句爲救未來。餘句爲救現在亦救未來。是名不住道修行勝。次說不住道修行勝果。有四種相。一攝功德勝。二修行勝。三教化衆生勝。四起隨順世間智勝。云何攝功德勝。攝聞戒智勝故。

經曰是菩薩住此第五菩薩難勝地已。名爲念者。不忘諸法故。名爲意者。善決定智慧故。名爲去者。知經書意次第故。名爲有慚愧者。自護護彼故。名爲堅心者。不捨持戒行故。名爲覺者。善思惟是處非處故。名爲隨智者。不隨他故。名爲隨慧者。善分別諸法章句是義非義故。名爲得神通者。善修禪定故。名爲善方便者。隨世間法行故。

論曰攝聞勝者。攝聞思修慧勝故。云何慧勝。如經名爲念者不忘諸法故。名爲意者善決定智慧故。名爲去者知經書意次第故。是中念者聞慧勝故。意者思慧勝故。去者修慧勝故。此諸句次第復有異釋。聞持勝故名爲念者。法智甚深勝故名爲意者。意甚深智勝故名爲去者。此略說成就二種善巧法善巧義善巧故。戒攝勝者有二種。忍辱柔和勝。及戒無缺勝。如經名爲有慚愧者自護護彼故。名爲堅心者不捨持戒行故。攝智勝者有五種。一者因緣集智無因顚倒因邪見對治。如經名爲覺者善思惟是處非處故。二者證智魔事對治。如經名爲隨智者不隨他故。三者知妄說智異說對治。善知是句義非句義雜句義。如經名爲隨慧者善分別諸法章句是義非義故。四者神力智邪歸依行對治。如經名爲得神通者善修禪定故。五者化衆生智方便攝取故。如經名爲善方便者。隨世間法行故。是名攝功德勝。云何修行勝。

經曰名爲無厭足者。善集功德行助道故。名爲不休息精進者。常求智慧行助道故。名爲無疲惓者。集大慈悲行助道故。名爲常念佛法者。求佛十力四無所畏十八不共佛法故。名爲善念修行者。起莊嚴佛國故。名爲具足修行種種善業者。集三十二相八十種好故。名爲常行精進者。求莊嚴佛身口意故。名爲樂大恭敬法者。親近供養一切菩薩及法師故。名爲善起願自在者。大方便善入世間故。名爲日夜遠離餘心者。常樂教化一切衆生故。

論曰是中修行勝有十種。一增長因行。如經名爲無厭足者善集功德行助道故。二依止因行。如經名爲不休息精進者。常求智慧行助道故。三化衆生不疲惓行。如經名爲無疲惓者集大慈悲行助道故。四起佛法行。如經名爲常念佛法者求佛十力四無所畏十八不共佛法故。五起淨佛國土行。如經名爲善念修行者起莊嚴佛國故。云何莊嚴。無煩惱染得堅固智慧。衆生住在其中及佛法莊嚴故。六依佛法身起行。如經名爲具足修行種種善業者集三十二相八十種好故。七依佛所作起行。如經名爲常行精進者求莊嚴佛身口意故。八敬重法行。如經名爲樂大恭敬法者親近供養一切菩薩及法師故。九願取有行。如經名爲善起願自在者大方便善入世間故。十離小乘心行。如經名爲日夜遠離餘心者常樂教化一切衆生故。是名修行勝。云何教化衆生勝。

經曰是菩薩成就如是行時。以布施教化衆生。又以愛語利益同事教化衆生。又以色身示現教化衆生。又以說法教化衆生。又廣示菩薩行神通事教化眾生。又説諸佛大事教化眾生。又示世間過惡教化眾生。又説諸佛智慧利益教化眾生。又現大神通莊嚴相。亦説種種行教化眾生。是菩薩如是教化眾生。方便成就。身心常趣佛智而不退失。諸善根行常勤修行轉勝道故。

論曰是中教化衆生勝者。以四攝法教化。如經是菩薩成就如是行時以布施教化衆生。又以愛語利益同事教化衆生故。爲同事隨順衆生應化自衆。如經又以色身示現教化衆生故。爲疑惑衆生可説法成就。如經又以説法教化衆生故。爲於菩提無方便衆生。如經又廣示菩薩行神通事教化衆生故。爲於大乘疲惓衆生。如經又説諸佛大事教化衆生故。爲樂世間衆生。如經又示世間過惡教化衆生故。爲不信大乘衆生。如經又説諸佛智慧利益教化衆生故。爲無智衆生現神通莊嚴。示種種行。以一身示無量身。如是事令生決定信。如經又現大神通莊嚴相。亦説種種行教化衆生故。是菩薩如是教化衆生方便成就者如前說。身心常趣佛智者。爲教化衆生求勝力故。而不退失諸善根行者。隨所得功德智慧皆不退失故。常勤修行轉勝道者。彼所修諸行欲令增勝故。是名教化衆生勝。云何起隨順世間智勝染障對治。

經曰是菩薩爲利益衆生故。善知世間所有書論印算數石性等論。治諸病方。所謂治乾枯病。治顚狂病。治鬼著病。治蠱毒病等。損害衆生者皆悉能治。謂呪藥等。作論經書伎樂戲笑歡娛等事。國土城邑聚落室宅。河泉池流園觀花果。藥草林樹等。金銀琉璃摩尼眞珠珊瑚琥珀車渠馬碯諸寶性等。日月星宿地動夢想吉凶入等遍身諸相。持戒行處禪定神通四無量心四無色定。凡諸不惱衆生事。能利益安樂衆生事。憐愍衆生故出。漸令信入無上佛法故。

論曰隨順世間智者。染障對治。如經是菩薩爲利益衆生故。善知世間所有一切書論等。是中書等有四種障對治。四種障者。一所用事中忘障。取與寄付聞法思義。作不作事。已作未作事。應作不應作事。此對治故書。二邪見軟智障。以因論聲論對治此二故論。三所取物不守護障。此對治故印。四取與生疑障。此對治故算數。數者一一爲二。二二爲四。如是等。算者一縱十橫。如是等。石性等論者。貧事障對治故。治諸病方者。四大不調衆生毒相病障對治故。乾枯顚狂病者。四大不調相故。鬼著病等。是衆生相蠱毒病者。亦四大不調。亦衆生相病因及死因。此對治謂呪藥等。日月星宿地動夢想吉凶入等。遍身諸相者。是中唯有日月等相見故。日等曜等攝故。入者入八業果故。遍身諸相者。愛不愛果行故。持戒行處等者。是中持戒行處。禪定神通四無量心四無色定等。如是次第破戒染貪欲染邪歸依染妄行功德染妄修解脫染。如是次第說。如經石性等論乃至呪藥等故。作論經書伎樂戲笑歡娛等者。憂惱障對治故。國土城邑乃至藥草林樹等者。此不喜樂障對治故。金銀琉璃乃至諸寶性等者。繫閉等障此對治故。日月星宿乃至遍身諸相等者。所得報分過作惡因障此對治故。持戒行處乃至無色定者。五種染對治。何者五種染。破戒染乃至妄修解脫染故。此起世間智具四種相。一異障中無障故。如經凡諸不惱衆生事者。二與無過樂。如經能利益安樂衆生事故。三發起清淨。如經憐愍衆生故出。四所用清淨。如經漸令信入無上佛法故。

經曰諸佛子。是菩薩住此菩薩難勝地已多見諸佛。以大神通力大願力故。見多百佛多千佛多百千佛多百千那由他佛多億佛多百億佛多千億佛多百千億佛多百千萬億那由他佛。以大神通力大願力故。是菩薩見諸佛時。以上心深心供養恭敬尊重讚歎。衣服飲食臥具湯藥。一切供具悉以奉施。以諸菩薩上妙樂具供養衆僧。以此善根皆願迴向阿耨多羅三藐三菩提。於諸佛所生上恭敬專心聽法。聞已受持隨力修行。於佛法中出家。得出家已於諸佛所聽受經法而爲法師說法利益。得轉勝多聞陀羅尼成就法師。是菩薩爾時住此菩薩難勝地中。無量百劫彼諸善根轉勝明淨。無量千劫無量百千劫無量百千那由他劫無量億劫無量百億劫無量千億劫無量百千億劫無量百千萬億那由他劫。彼諸善根轉勝明靜。是菩薩成就如是教化眾生法。諸佛子。譬如本眞金以車渠摩瑩光色轉勝明淨。諸佛子。菩薩住此菩薩難勝地中。彼諸善根以方便智思量力故轉勝明淨。彼智慧善根成就不退思量轉勝。下地善根所不能及。諸佛子。譬如日月星宿諸天宮殿光輪圓滿成就不壞風不能動。如是諸佛子。菩薩住此菩薩難勝地中。彼諸善根以方便智思量力故成就不退。一切聲聞辟支佛世間善根所不能及。是菩薩十波羅蜜中禪波羅蜜增上。餘波羅蜜非不修習隨力隨分。諸佛子。是名略説菩薩第五菩薩難勝地。若菩薩住此地中。多作兜率陀天王。所作自在摧伏一切外道邪見。能令眾生住實諦中。所作善業布施愛語利益同事。是諸福德皆不離念佛念法念僧念菩薩念菩薩行念波羅蜜念十地念不壞力念無畏念不共佛法。乃至不離念一切種一切智智。常生是心。我當於一切眾生中爲首爲勝爲大爲妙爲微妙爲上爲無上爲導爲將爲師爲尊。乃至爲一切智依止者。復從是念發精進行。以精進力故。於一念間得千億三昧。見千億佛。知千億佛神力。能動千億佛世界。能入千億佛世界。能照千億佛世界。能化千億佛世界眾生。能住壽千億劫。能知過去未來世各千億劫事。能善入千億法門。能變身爲千億。於一一身能示千億菩薩以爲眷屬。若以願力自在勝上。菩薩願力過於此數。示種種神通。或身或光明或神通或眼或境界或音聲或行或莊嚴或加或信或業。是諸神通。乃至無量百千萬億那由他劫。不可數知。

論曰得轉勝多聞陀羅尼成就法師者。非得義陀羅尼以平等清淨心甚難得故。又樂出世間智現世間智最難故。得聞持陀羅尼。此地智光明眞如事示現。如經諸佛子譬如本眞金乃至卜地善根所不能及故。日月光輪者。依阿含增長智慧光明勝於前地智故。如經諸佛子譬如日月星宿。乃至世間善根所不能及故。

十地經論難勝地第五　卷之七竟

十地經論現前地第六　卷之八

天親菩薩造
後魏北印度三藏菩提流支譯

論曰如五地中三分差別勝慢對治不住道行勝及彼果勝。第六地亦如是。應知轉勝故。云何勝。第四地中已說。衆生我慢解法慢對治。第五地中已說身淨分別慢對治。今第六地中說取染淨法分別慢對治。以十平等法故。

經曰爾時金剛藏菩薩言。諸佛子。若菩薩已善具足第五地道。欲入第六菩薩地。當以十平等法得入第六地。何等爲十。一者一切法無相平等故。二者一切法無想平等故。三者一切法無生平等故。四一切法無成平等故。五一切法寂靜平等故。六一切法本淨平等故。七一切法無戲論平等故。八一切法無取捨平等故。九一切法如幻夢影響水中月鏡中像焰化平等故。十一切法有無不二平等故。是菩薩如是觀一切法相除垢故。隨順故。無分別故。得入第六菩薩現前地。得明利順忍未得無生法忍。

論曰取染淨法分別慢對治者。謂十平等法。是中一切法無相乃至一切有無不二平等者。是十二入一切法自性無相平等故。復次相分別對治有九種。一十二入自相想。如經一切法無想平等故。二念展轉行相。如經一切法無生平等故。三生展轉行相。如經一切法無成平等故。四染相。如經一切法寂靜平等故。五淨相。如經一切法本淨平等故。六分別相。如經一切法無戲論平等故。七出沒相。如經一切法無取捨平等故。八我非有相。如經一切法如幻夢影響水中月鏡中像焰化平等故。九成壞相。如經一切法有無不二平等故。除垢者。遠離障垢故。隨順者。隨順平等眞如法故。無分別者。不生分別相故。明利者。微細慢對治故。前二地中麤中慢對治故。得軟中忍順者。隨順無生法忍故。未得無生法忍者。此忍順無生法忍非即無生忍故。是名取染淨法分別慢對治。云何不住道行勝。

經曰是菩薩如是觀一切法相隨順得至。復以勝大悲爲首故。大悲增上故。令大悲滿足故。觀世間生滅故。

論曰是菩薩如是觀一切法相隨順得至者。得至不住道行勝故。不住道行勝者。不捨衆生過去現在未來大悲攝勝故。一切所知法中智淨故。一切種微細因緣集觀故。不住世間涅槃故。如經復以大悲爲首。乃至觀世間生滅故。

經曰是菩薩觀世間生滅已。作是念。世間所有受身生處差別皆以貪著我故。若離著我則無世間生處。菩薩復作是念。此諸凡夫愚癡所盲貪著於我。無智闇障常求有無。恒隨邪念妄行邪道。集起妄行罪行福行不動行。以是行故起心種子。有漏有取想故。起未來生老死身復生後有。業爲地無明覆蔽。愛水爲潤我心溉灌。種種見網令得增長。生名色牙生已增長。名色增長已成諸根。諸根成已迭互相對生觸。觸相對生受。受後所悕生愛。以有愛故生取。取增長已生有。有成已生五陰身。五陰身增長已。於五道中漸漸衰變名爲老。衰老變滅名爲死。死後生諸熱惱。因熱惱故生一切憂悲苦惱聚。是因緣集。無有集者自然而集。無有滅者自然而滅。是菩薩如是隨順觀因緣集。

論曰是中世間所有受身生處差別者。五道中所有生死差別是名世間所有差別。此因緣集有三種觀門應知。一成答相差別。二第一義諦差別。三世諦差別。云何成差別。初明唯因緣集釋無我義。成一切世間所有受身生處。皆以貪著我故。若離著我則無世間生處即無我義成。若第一義中實有我相者。著我之心即是第一義智。不應在世間受身生處生。又復若第一義中實有我相者。若離著我則應常生世間。顯示此義。如經世間所有受身生處差別皆以貪著我故。若離著我則無世間生處故。云何答差別。若實無我云何著我。此中應有是難。即自答言。愚癡所盲貪著於我。此示現如經菩薩復作是念。此諸凡夫愚癡所盲貪著於我故。如是實無我有。何次第貪著於我。得有生間受身生處。成此示現。如經無智闇障常求有無故。如是答難差別。是中無智有無者悕求常斷。此示無明有愛是二有支根本故。恒隨邪念妄行邪道集起妄行罪行福行不動行。恒隨邪念者。示無明因故。妄行邪道者。示於解脫處不正行故。集起妄行者。示菩薩勝義故。菩薩雖行於有不名妄行。以是行故起心種子。有漏有取想乃至隨順觀因緣集。是中起心種子者。示生老死體性。復生後有者。隨順攝取成就罪福等行業爲地故。前說無智闇障無明覆蔽故。常求有無愛水爲潤故。如是往如是生心我是我所我我想是慢我生不生如是等種種見網。自然而滅者性自滅故。非智緣滅。如是答難因緣集釋無我義成已。云何相差別。若因緣無我以何相住因緣集行。

經曰。是菩薩復作是念。不如實知諸諦第一義故名爲無明。無明所作業果是名爲行。依行有初心識。與識共生有四受陰名爲名色。名色增長有六入。根塵識三事和合生有漏觸。觸共生故有受。受染著故名愛。愛增長故名取。從取起有漏業名有。有業有果報名生。生陰增長衰變名爲老。老已陰壞名爲死。死別離時愚人貪著心熱名爲憂。發聲啼哭名爲悲。五根相對名爲苦。意根相對名爲憂。憂苦轉多名爲惱。如是但有苦樹增長無有作者。菩薩作是念。若有作者則有作事。若無作者則無作事。第一義中無有作者無有作事。

論曰是中無明所作業果者。所謂名色於中識者彼依止故。名色與識共生故。識名色迭互相依故。若無作者於中分別作事亦無。此說因緣集有分。自體無作事故。是名有分次第因緣集觀。應知云何第一義諦差別。如是證第一義諦則得解脫彼觀故。

經曰是菩薩作是念。三界虛妄但是一心作。

論曰但是一心作者。一切三界唯心轉故。云何世諦差別。隨順觀世諦即入第一義諦。此觀有六種。一何者是染染依止觀。二因觀。三攝過觀。四護過觀。五不厭厭觀。六深觀。是中染依止觀者。因緣有分依止一心故。

經曰如來所說十二因緣分皆依一心。所以者何。隨事貪欲共心生。即是識事即是行。行誑心故名無明。無明共心生名名色。名色增長名六入。六入分名觸。觸共生名受。受受已無厭足名愛。愛攝不捨名取。此有分和合生有。有所起名生。生變熟名老。老壞名死。

論曰此是二諦差別。一心雜染和合因緣集觀。因觀者有二種。一他因觀。二自因觀。云何他因觀。

經曰是中無明有二種作。一者緣中癡令眾生惑。二者與行作因。行亦有二種作。一者生未來世果報。二者與識作因。識亦有二種作。一者能令有相續。二者與名色作因。名色亦有二種作。一者互相助成。

二者與六入作因。六入亦有二種作。一者能緣六塵。二者與觸作因。觸亦有二種作。一者能觸所緣。二者與受作因。受亦有二種作。一者覺憎愛等事。二者與愛作因。愛亦有二種作。一者於可染中生貪心。二者與取作因。取亦有二種作。一者增長煩惱染縛。二者與有作因。有亦有二種作。一者能於餘道中生。二者與生作因。生亦有二種作。一者增長五陰。二者與老作因。老亦有二種作。一者令諸根熟。二者與死作因。死亦有二種作。一者壞五陰身。二者以不見知故而令相續不絕。

論曰是中壞五陰身以不見知而令相續不絕者。壞五陰能作後生因。以不見知故能作後生因。是名他因觀。云何自因觀。無明等自生因觀緣事故。何者是無明等因緣行不斷助成故。

經曰是中無明緣行者。無明因緣令行不斷助成行故。行緣識者。行因緣令識不斷助成識故。識緣名色者。識因緣令名色不斷助成名色故。名色緣六入者。名色因緣令六入不斷助成六入故。六入緣觸者。六入因緣令觸不斷助成觸故。觸緣受者。觸因緣令受不斷助成受故。受緣愛者。受因緣令愛不斷助成愛故。愛緣取者。愛因緣令取不斷助成取故。取緣有者。取因緣令有不斷助成有故。有緣生者。有因緣令生不斷助成生故。生緣老死者。生因緣令老死不斷助成老死故。無明滅故則行滅。無明因緣無行滅不助成故。行滅故則識滅。行因緣無識滅不助成故。識滅故則名色滅。識因緣無名色滅不助成故。名色滅故則六入滅。名色因緣無六入滅不助成故。六入滅故則觸滅。六入因緣無觸滅不助成故。觸滅故則受滅。觸因緣無受滅不助成故。受滅故則愛滅。受因緣無愛滅不助成故。愛滅故則取滅。愛因緣無取滅不助成故。取滅故則有滅。取因緣無有滅不助成故。

有滅故則生滅。有因緣無生滅不助成故。生滅故則老死滅。生因緣無老死滅不助成故。

論曰。是中無明緣行無明因緣令行不斷助成行故者。無明有二種。一子時二果時。是中子時者。令行不斷有二種義故。緣事示現。如是餘因緣分自生因二種義緣事應知。自因觀者。不相捨離觀故。離前支無後支觀故。不離無明則成行觀。若不離無明有行者。不應言無明緣行。若離無明有行成者異則不成。是故偈言。

眾緣所生法　是則不即因
亦復不異因　非斷亦非常

自生因緣觀如前說。無明有二種。一子時二果時。行乃至老死亦如是。先際後際滅中際亦無是故不說。云何攝過觀。所謂三道攝苦因苦果故。

經曰。是中無明愛取三分不斷是煩惱道。行有二分不斷是業道。餘因緣分不斷是苦道。先際後際相續不斷故。是三道不斷。如是三道離我我所。但有生滅故猶如束竹。

論曰云何護過觀。若言因緣生者。分別有三種過。一者一切身一時生過。何以故。無異因故。二者自業無受報過。何以故。無作者故。三者失業過。何以故。未受果業已滅故。此三種過以見過去世等異因答故。受生報等差別故。

經曰無明緣行者。是見過去世事。識名色六入觸受是見現在世事。愛取有生老死。是見未來世事。於是見有三世轉。無明滅故諸行滅。名爲斷因緣相續說。

論曰無明緣行即是見過去世事者。現在生是過去作故。現在果即是當來即是見過去世因義。識乃至受是見現在世事者。過去世中隨所有業彼業得現在識等果報。復能得未來果報。愛取有是見未來世事者。復有生一往定故。於是見有二世轉者。復有後世生轉故。此說何義。有三種義故。過去業不得報。或有未作或已作未得報或得對治斷故。是中無明緣行是作示現。行緣識乃至觸受。此作已得報示現。愛取有不斷此不得對治示現。若斷愛取雖有作業則無明緣行不能生有。是故諸業有已作未作。有得果未得果。有已斷未斷。若如是則無一切身一時生過。若爾非一切業即當來受。亦非不受亦非一時。若自作業果報不失。非他身受故。若如是則無自業不受報過他不作故。離彼三事業定得果不失。若如是則無失業過。是名護三種過示現。云何不厭厭觀。厭種種微苦分別。所有受皆是苦故。及厭種種麤苦故。

經曰十二因緣分說名三苦。是中無明行識名色六入名爲行苦。觸受名爲苦苦。餘因緣分名爲壞苦。無明滅故行滅。乃至生滅故老死滅。名爲斷三苦相續說。

論曰云何深觀。

經曰無明因緣行生因緣能生行餘亦如是。無明滅行滅行無餘亦如是。無明因緣行是生縛說餘亦如是。無明滅行滅是滅縛說餘亦如是。無明因緣行是隨順有觀說餘亦如是。無明滅行滅是隨順無所有盡觀說餘亦如是。

論曰深觀者有四種。一者有分非他作自因生故。二者非自作緣生故。如經無明因緣行生因緣能生行餘亦如是。無明滅行滅行無餘亦如是故。三者非二作但隨順生故。無知者故。作時不住故。如經無明因緣行是生縛說餘亦如是。無明滅行滅是滅縛說餘亦如是故。四者非無因作隨順有故。如經無明因緣行是隨順有觀說餘亦如是。無明滅行滅是隨順無所有盡觀說餘亦如是故。若無因生生應常生非不生以無定因故亦可恒不生。何以故。無因生故。此非佛法所樂。若爾隨順有觀有因非無因故。若無因不得言隨順有。是名十種因緣集觀相諦差別觀已說。

經曰是菩薩如是十種逆順觀因緣集法。所謂因緣分次第故。一心所攝故。自業成故。不相捨離故。三道不斷故。觀先後際故。三苦集故。因緣生故。因緣生滅縛故。隨順有盡觀故。

論曰復有二種異觀。一大悲隨順觀。二一切相智分別觀。大悲隨順觀者有四種。一愚癡顛倒。二餘處求解脫。三異道求解脫。四求異解脫。云何愚癡顛倒。隨所著處愚癡及顛倒此事觀故。以著我故。一切處受生遠離我故。則無有生。云何愚癡無明闇故。如經是菩薩觀世間生滅已作是念世間所有受身生處差別皆以貪著我故。若離著我則無世間生處故。愚癡所盲貪著於我。如是顛倒及有相支中疑惑顛倒。如經菩薩復作是念此諸凡夫愚癡所盲貪著於我無智闇障甞求有無如是等故。云何餘處求解脫。是凡夫如是愚癡顛倒常應於阿梨耶識及阿陀那識中求解脫。乃於餘處我我所中求解脫。此對治。如經是菩薩作是念三界虛妄但是一心作乃至老壞名死故。云何異道求解脫。於顛倒因中求解脫。顛倒因有三種。性因自在天因苦行因及無因。不應如是求。何以故。因緣有支二種業能起因緣事故。如經是中無明有二種作。一者緣中癡令衆生惑。二者與行作因如是等故。自生因故。如經是中無明緣行者無明因緣令行不斷助成行故。如是等故。煩惱業妄想因故。非樂因故。如經是中無明愛取三分不斷是煩惱道。如是等故。先中際因故。及中後際因故。中際前後二際故。如經是中無明因緣行者是見過去世事。如是等故。若無如是事則種種衆生亦無。云何求異解脫。眞解脫者有四種相。離一切苦相。無爲相。遠離染相。出世間相。彼諸行苦事隨逐乃至無色有縛。如經十二因緣分說名三苦。無明行乃至六入名爲行苦。如是等故。如是因緣生故。如經是中無明因緣行因緣能生行餘亦如是等故。如是復染生縛。如經是中無明緣行是生縛說餘亦如是等故。如是隨順有求無色有解脫。如經無明因緣行隨順有觀說餘亦如是等故。如是大悲隨順觀因緣集已說。一切相智分別觀者。是中有九種。一染淨分別觀。著我慢離我慢染淨故。如經是菩薩觀世間生滅已作是念世間所有受身生處差別皆以貪著我故若離著我則無世間生處故。二依止觀。此因緣集依何等法。如經是菩薩復作是念不如實知諸諦第一義故名爲無明。如是等故。三方便觀。因緣有支二種業能起因緣事故。如經是中無明有二種作。一者緣中癡令衆生惑。二者與行作因。如是等故。四因緣相觀。有支無作故。如經是中無明緣行無明因緣令行不斷助成行故。如是等故。五入諦觀。三道苦集諦故。如經是中無明愛取三分不斷是煩惱道。行有二分不斷是業道。餘因緣分不斷是苦道故。六力無力信入依觀。先中後際化勝故。如經無明緣行者是見過去世事。如是等故。七增上慢非增上慢信入觀。不如實知微苦我慢故。如經是中無明行乃至六入名爲行苦。如是等故。八無始觀。中際因緣生故。後際生隨順縛故。如經無明因緣行因緣能生行餘亦如是無明因緣行是生縛說餘亦如是故。九種種觀。隨順有觀故。欲色無色愛等。如經無明因緣行隨順有觀說餘亦如是故。如是不住道行勝已說。次說彼果勝有五種相。一得對治行勝及離障勝。二得修行勝。三得三昧勝。四得不壞心勝。五得自在力勝。云何得對治行勝。謂三解脫門。

經曰是菩薩如是十種觀因緣集已。無我無壽命無眾生自性空離作者受者。如是觀時空解脱門現前生。是菩薩觀彼有支自性滅故。常解脱現前。見因緣處無少法相可生。如是不見少法相故。無相解脱門現前生。是菩薩如是入空入無相不生願樂。唯除大悲爲首教化眾生。如是無願解脱門現前生。是菩薩修行是三解脱門。離彼我相離作者受者相。離有無相。

論曰是中空解脱門有三種相說。一見衆生無我。二見法無我。三彼二作無見無作者故。如經是菩薩如是十種觀因緣集已。無我無壽命無衆生自性空離作者受者。如是觀時空解脱門現前生故。見衆生無我者。無我無壽命無衆生。此句示現見法無我者自性空。此句示現彼二作無者。見衆生及法無作事等。以無作者作事亦無。不見作者故。離作者受者。此句示現無相解脱門。亦三種相說。一滅障。二得對治。三念相不行。如經是菩薩觀彼有支自性滅故。常解脫現前。見因緣處無少法相可生。如是不見少法相故。無相解脫門現前生。是中滅障者。觀彼有支自性滅故。此句示現得對治者常解脫現前。此句示現念相不行者。見因緣處無少法相可生。此句示現無願解脫門亦三種相說。一依止二體三勝。如經是菩薩如是入空入無相不生願樂唯除大悲爲首教化衆生如是無願解脫門現前生故。是中入空入無相是名依止。以依止入空入無相故。能成無願不生願樂不生願樂是名無願體。大悲爲首教化衆生者是名爲勝。聲聞亦有不生願樂。無願體遠離大悲不樂教化衆生故。滅障勝者離三種相故。如經是菩薩修行是三解脫門離彼我相離作者受者相。離有無相故如是次第於五地中遠離平等深淨心故四地中遠離出沒等相。此六地中遠離法平等故。云何得修行勝。

經曰。是菩薩大悲轉增以重悲故。勤行精進未滿助菩提分法欲令滿足。菩薩作是念。有爲和合故。行離和合故。不行衆緣具故。行不具故不行。唯我知有爲法多過。不應具和合因緣。亦不畢竟滅有爲法。爲教化衆生故。諸佛子。菩薩如是知有爲法多過。離自性不生不滅自性觀。是菩薩作如是觀已。起大悲故。不捨一切衆生故。即時得無障礙智門現前。名般若波羅蜜行光明現前。是菩薩成就如是般若波羅蜜行光明現前照已。爲滿助菩提分法因緣而不與有爲法共住。觀有爲法性寂滅相亦不住其中。欲具足無上菩提分法故。

論曰得修行勝者有二種修行。一發勇猛修行。二起丈夫志修行。發勇猛修行者。知有爲法多過。遠離生業煩惱同縛。作勝利益衆生。如經是菩薩大悲轉增以重悲故。勤行精進未滿助菩提分法欲令滿足。菩薩作是念有爲和合故。行離和合故。不行衆緣具故。行不具故不行。唯我知有爲法多過。不應具和合因緣。亦不畢竟滅有爲法。爲教化衆生故。起丈夫志修行者。厭對觀見多過觀故。滅對故。自性同相無觀故。如經諸佛子菩薩如是知有爲法多過離自性不生不滅自性觀故。修行勝者。智及大悲勝隨順故。依不住道行無障礙智門現前。般若波羅蜜行光明現前。知有爲法及涅槃平等證故。彼不共住故。彼助道行不滿故。如經是菩薩作如是觀已起大悲故。不捨一切衆生故。即時得無障礙智門現前名般若波羅蜜行光明現前。是菩薩成就如是般若波羅蜜行光明現前照已。爲滿助菩提分法因緣而不與有爲法共住。觀有爲法性寂滅相亦不住其中。欲具足無上菩提分法故。無障礙智者。謂如來智。然此未成就名爲光明現前。云何得三昧勝。有十空三昧門同爲上首。及彼眷屬故。

經曰是菩薩住此菩薩現前地中。得信空三昧性空三昧第一義空三昧第一空三昧大空三昧合空三昧起空三昧如實不分別空三昧不捨空三昧得離不離空三昧。是菩薩得如是等十空三昧門上首。百千萬空三昧門現在前。如是十無相三昧門上首。百千萬無相三昧門現在前。如是十無願三昧門上首。百千萬無願三昧門現在前。

論曰此空三昧有四種差別。一觀二不放逸三得增上四因事。除第四三昧有五三昧。是名爲觀。一觀衆生無我。如經得信空三昧故。二觀法無我。如經性空三昧故。三取彼空觀。如經第一義空三昧故。四依彼阿黎耶識觀。如經大空三昧故。五觀轉識。如經合空三昧故。不放逸者。第四三昧分別善修行故。修行無厭足故。如經第一空三昧故。得增上者。第七三昧得增上功德。如經起空三昧故。因事者。餘三種三昧智障淨因事。如經如實不分別空三昧故。教化衆生因事。如經不捨空三昧故。願取有因事。如經得離不離空三昧故。如是願取有遠離煩惱染而隨順諸有故。名離不離。云何得不壞心勝。

經曰是菩薩住菩薩現前地中。復轉滿足不壞心決定心眞心深心不退轉心不休息心淨心無邊心求智心滿足方便智行心。

論曰不壞心者。堅固不退故。是不壞心有九種。一信觀不壞。如經決定心故。二堪受調柔不壞。如經眞心故。三於密處不驚怖不壞。如經深心故。四自乘不動不壞。如經不退轉心故。五發精進不壞。如經不休息心故。六離嫉妬破戒垢不壞。如經淨心故。七廣利益衆生不壞。如經無邊心故。八求上勝解脫不壞。如經求智心故。九化衆生行不壞。如經滿足方便智行心故。云何得自在力勝。

經曰是菩薩此諸菩薩心隨順成就趣向阿耨多羅三藐三菩提。不退轉精進成一切外道異論不能動故。隨順成入諸智地故。遠離成轉聲聞辟支佛地故。一向成決定趣佛智故。不退成一切諸魔煩惱不能壞故。堅住成善住菩薩智慧明故。正住成善修空無相無願法行故。助正行成方便智觀故。不捨行成集助菩提分法故。是菩薩住菩薩現前地中。般若波羅蜜行增上成就。得第三利順忍。隨順如實法無有違逆故。

論曰是菩薩此諸菩薩心隨順成就趣向阿耨多羅三藐三菩提者。得般若波羅蜜行力勝能深入故。是中力勝有九種。一能降伏他力。如經不退轉精進成一切外道異論不能動故。二能斷疑力。如經隨順成入諸智地故。三自乘不動力。如經遠離成轉聲聞辟支佛地故。四密處決定信力。如經一向成決定趣佛智故。五不散壞力。如經不退成一切諸魔煩惱不能壞故。六依煩惱障淨對治堅固力。如經堅住成善住菩薩智慧明故。七廣對治力。如經正住成善修空無相無願法行故。八化衆生力。如經助正行成方便智觀故。九智障淨力。如經不捨行成集助菩提分法故。是菩薩住菩薩現前地中。般若波羅蜜行增上成就。得第三利順忍。隨順如實法無有違逆。是諸法者如上所說力勝所攝故。

經曰諸佛子。是菩薩住此菩薩現前地已多見諸佛以大神通力大願力故。見多百佛多千佛多百千佛多百千那由他佛多億佛多百億佛多千億佛多百千億佛多百千萬億那由他佛。以大神通力大願力故。是菩薩見諸佛時。以上心深心供養恭敬尊重讚歎。衣服飲食臥具湯藥。一切供具悉以奉施。以諸菩薩上妙樂具供養衆僧。以此善根皆願迴向阿耨多羅三藐三菩提。於諸佛所生上恭敬。專心聽法聞已受持。聞受持已得如實三昧智慧光明隨順修行行已憶持。是菩薩智慧轉勝。復得諸佛法藏。是菩薩住此菩薩現前地中。於無量百劫。彼諸善根轉勝明淨。無量千劫無量百千劫無量百千那由他劫無量億劫無量百億劫無量千億劫無量百千億劫無量百千億那由他劫。彼諸善根轉勝明淨。諸佛子。譬如本眞金以琉璃磨瑩光色轉勝明淨。諸佛子。菩薩如是。住此菩薩現前地中。彼諸善根方便智觀轉勝明淨。轉轉寂滅成就不壞。諸佛子。譬如月光明輪照

眾生身令得清涼。四種風吹所不能壞。諸佛子。菩薩如是住此菩薩
現前地中。彼諸善根能滅無量百千萬億那由他眾生煩惱之火。四
種魔道所不能壞。是菩薩十波羅蜜中般若波羅蜜增上。餘波羅蜜
非不修習隨力隨分。諸佛子。是名略說菩薩第六菩薩現前地。若菩
薩住此地中。多作化樂天王。所作自在善巧滅除眾生我慢。善轉眾
生我慢法心。所作善業布施愛語利益同事。是諸福德皆不離念佛
念法念僧念菩薩念菩薩行念波羅蜜念十地念不壞力念無畏念
不共佛法。乃至不離念一切種一切智智。常生是心。我當於一切眾
生中爲首爲勝爲大爲妙爲微妙爲上爲無上爲導爲將爲師爲尊。
乃至爲一切智智依止者。復從是念發精進行。以精進力故。於一念
間得百千億三昧。見百千億佛。知百千億佛神力。能動百千億佛世
界。能入百千億佛世界。能照百千億佛世界。能教化百千億佛世界

眾生。能住壽百千億劫。能知過去未來世各百千億劫事。能善入百千億法門。能變身爲百千億。於一一身能示百千億菩薩以爲眷屬。若以願力自在勝上。菩薩願力過於此數。示種種神通。或身或光明或神通或眼或境界或音聲或行或莊嚴或加或信或業。是諸神通。乃至無量百千萬億那由他劫。不可數知。

論曰聞受持已。得如實三昧智慧光明隨順修行者得義陀羅尼。此句示現因彼事故說依勝三昧得奢摩他毘婆舍那光明勝行。行已憶持者。能持彼行故。是菩薩智慧轉勝。乃至彼諸善根轉勝明淨者。解脫彼障證彼義故。琉璃磨瑩眞金喻者。此地中出世間智增上光明轉勝示現。如經諸佛子譬如本眞金以琉璃磨瑩光色轉勝明淨。乃至以方便智觀轉勝明淨故。以無障礙智現前。般若波羅蜜行光明現前故。名爲現前地。方便智觀者。不住道行所攝明智故。月光明輪喻者。勝前地智示現輪小光明大。如經諸佛子譬如月光明輪乃至四種魔道所不能壞故。魔道者。隨順魔事魔行故。餘如前釋。

十地經論現前地第六　卷之八竟

十地經論遠行地第七　卷之九

天親菩薩造

後魏北印度三藏菩提流支等譯

論曰第七地中。有五種相差別。一樂無作行對治差別。二彼障對治差別。三雙行差別。四前上地勝差別。五彼果差別。云何樂無作行對治。

經曰爾時金剛藏菩薩言。諸佛子。若菩薩善具足六地行已欲入第七菩薩地者。是菩薩當以十種方便智發起殊勝行入。何等爲十。所謂善修空無相無願而集大功德助道。入諸法無我無壽命無眾生而不捨起四無量。起功德法。作增上波羅蜜行而無法可取。得遠離三界而能應化起莊嚴三界行。畢竟寂滅諸煩惱焰而能爲一切眾生起滅貪瞋癡煩惱焰行。隨順幻夢影響化水中月鏡中像自性不二而起作業無量差別心。善知一切國土道如虛空而起莊嚴淨佛國土行。知諸佛法身自性無身而起色身相好莊嚴行。知諸佛音聲無聲本來寂滅不可說相而隨一切眾生。起種種差別莊嚴音聲行。入諸佛。於一念頃通達三世事而能分別種種相劫數修行。隨一切眾生心差別觀故。諸佛子。是菩薩如是十種方便智。發起殊勝行。具足六地行已。得入第七菩薩地。諸佛子。是菩薩此十種方便智發起殊勝行現前行。名入第七菩薩地。

論曰樂無作行對治者。方便智發起十種殊勝行。如經諸佛子若菩薩善具足六地行已欲入第七菩薩地者是菩薩當以十種方便智發起殊勝行入。彼菩薩無障礙智現前般若波羅蜜行現前時即於無作行中生樂心。非起增上行。彼樂對治此十種法差別示現。方便智者。不捨眾生法無我智對治。攝取增上行。發起殊勝行。此勝行於出世間及世間增上行更無勝者。有四種功德故。一財及身勝因事。隨所須意取得財及身勝因功德集故。如經所謂善修空無相無願而集大功德助道故。二護惡行因事。如是得勝無量修行。於一切衆生中。不起妄行故。如經入諸法無我無壽命無衆生而不捨起四無量故。三護善根因事。得彼勝因增上故。功德法增上行。以波羅蜜行故。如經起功德法作增上波羅蜜行而無法可取故。四攝衆生因事。於中有七種門。一願力取生作上首教化餘衆生故。上首者。衆生隨逐故。如經得設離三界而能應化起莊嚴三界行故。二說對治故。爲滅煩惱染及隨煩惱使常自寂滅故。如經畢竟寂滅諸煩惱焰而能爲一切衆生起滅貪瞋癡煩惱焰行故。三爲滅諸障故。障有四種。如五地中說。如經隨順幻夢影響化水中月鏡中像自性不二而起作業無量差別心故。四於大法衆會集故。如經善知一切國土道如虛空而起莊嚴淨佛國土行故。五見聞親近供養修行生福德故。如經知諸佛法身自性無身而起色身相好莊嚴行故。六轉法輪故。如經知諸佛音聲無聲本來寂滅不可說相。而隨一切衆生起種種差別莊嚴音聲行故。七隨所問善釋故。如經入諸佛於一念頃通達三世事而能分別種種相劫數修行隨一切衆生心差別觀故。此十種發起殊勝行共對攝取對治攝取善修行空無相無願等。入一切法無我無壽命無衆生等。如是次第應知。此十種法現前得住第七地。如經諸佛子。是菩薩此十種方便智發起殊勝行現前行名入第七菩薩地故。如是樂無作行對治差別。七地已說。

次說彼障對治有二種相。一修行無量種。二修行無功用行。

經曰是菩薩住第七菩薩地中。入無量衆生界。入諸佛無量教化衆生業。入無量世界網。入諸佛無量清淨國土。入無量諸法差別。入無量諸佛智得無上道。入無量劫數。入無量諸佛通達三世事。入無量衆生信樂勝事差別。入無量諸佛名色身種種示現。入無量衆生心行根信種種差別。入無量諸佛音聲語言令衆生歡喜。入無量衆生心心所行種種差別。入無量諸佛隨智慧行。入乘無量聲聞乘信解。入諸佛無量說道。令衆生信解。入無量辟支佛乘集成。入諸佛無量深智慧門。入所說。入諸菩薩無量所行道。入諸佛無量所說大乘集成事。令菩薩得入。

論曰修行無量種者。隨所作利益何等衆生。衆生住何處。以何等智慧。以何等心。以何等行。置何等乘。以此差別有十種修行。是中隨所作利益何等衆生者。於無量衆生以無量業教化故。如經是菩薩住第七菩薩地中入無量衆生界入諸佛無量教化衆生業故。衆生住何處者。於無量世界中。令依清淨佛國土故。如經入無量世界網入諸佛無量清淨國土故。以何等智慧者。無量種種法界智慧覺故。如經入無量諸法差別入無量諸佛智得無上道故。無量劫數通達三世。亦入智慧覺。如經入無量劫數入無量諸佛通達三世事故。以何等心者。有三種事。一有衆生信種種天身心隨同行。隨彼信說故。如經入無量衆生信樂勝事差別入無量諸佛名色身種種示現故。二知過去心習軟中利根如應說法。如經入無量衆生心行根信種種差別入無量諸佛音聲語言令衆生歡喜故。三以何等行者。隨衆生心說對治故。如經入無量衆生心心所行種種差別入無量諸佛隨智慧行故。置何等乘者。於三乘中置聲聞乘中者。如經入乘無量聲聞乘信解入諸佛無量說道令衆生信解故。置辟支佛乘中者。如經入無量辟支佛乘集成入諸佛無量深智慧門入所說故。置大乘中者。如經入諸菩薩無量所行道入諸佛無量所說大乘集成事令菩薩得入故。如是彼障對治無量種差別修行十種已說。次說修行無功用行。

經曰是菩薩作如是念。是諸佛世尊。有無量無邊境界。是境界不可以若千百億劫千億劫百千億劫。乃至復過此數無量百千萬億那由他劫不可算數。如是諸佛境界我皆應集。自然不以分別得成。以不分別不取相故成。是菩薩如是善觀智通。日夜常修方便智。熏發起殊勝行。善住堅固以不動法故。

論曰是中自然者。自性勝無分別故。如經自然不以分別得成以不分別不取相故成。此句示現是菩薩如是善觀智通日夜常修方便智熏發起殊勝行善住堅固以不動法故者。彼障對治故。如是彼障對治差別此地已說。次說雙行分有四種相。一二行雙無間。二信勝。三能作大義。四菩提分差別。

經曰是菩薩起於道時。一念心不捨。是菩薩修行智慧。來時亦起去時亦起。住時亦起坐時亦起臥時亦起。乃至睡夢皆能起道。離諸陰蓋住諸威儀。常不離如是相念。是菩薩於念念中。具足菩薩十波羅蜜。何以故。如是菩薩起一切心。於念念中以大悲爲首。修習一切佛法。皆迴向如來智故。是菩薩求佛道時。所修善根。捨與一切眾生是檀波羅蜜。能滅一切煩惱熱是尸波羅蜜慈悲爲首。能忍一切眾生是羼提波羅蜜。求轉勝善根心無厭足是毘梨耶波羅蜜。所修諸行心不馳散常向一切智智是禪波羅蜜。現忍諸法自性不生是般若波羅蜜。能起無量智門是方便波羅蜜。期上上勝智是願波羅蜜。一切外道邪論及諸魔眾不能沮壞菩薩道是力波羅蜜。如實觀知一切法相是智波羅蜜。如是諸佛子。是菩薩住此菩薩遠行地中。念念具足十波羅蜜。亦具足四攝法。亦具足四家三十七助菩提分法三解脫門。略說乃至一切助菩提分法。於念念中皆悉具足。

論曰是中一念中。奢摩他毘婆舍那二行雙現前故。住諸威儀者。一切行中彼修行時無間不斷不息行故。如經是菩薩起於道時一念心不捨。乃至住諸威儀故。遠離一切煩惱蓋故。信勝者。彼無量智中殊異義莊嚴相現前專念故。如經常不離如是相念故。能作大義者。念念具足十波羅蜜大義故。如經是菩薩於念念中具足菩薩十波羅蜜乃至智波羅蜜故。是中方便波羅蜜者。起無量智事。以是智故。起布施等無量行願力攝故。願波羅蜜者。起上上智以是智故。起布施等上上行生攝取勝故。力波羅蜜者。一切異論及諸魔眾不能壞行。以是行故。遠離布施等障故。智波羅蜜者。如實觀知一切法相以是智故。布施等一切種差別知爲化衆生故。菩提分差別者有四種相。一依大乘行波羅蜜故。如經如是諸佛子是菩薩住此菩薩遠行地中念念具足十波羅蜜故。二依教化衆生。行四攝法故。如經亦具足四攝法故。三依煩惱障增上淨故。家菩提分解脫門者。何處住。以何等門修行得清淨。如經亦具足四家三十七助菩提分法三解脫門故。家者。般若家諦家捨煩惱家苦清淨家故。四依智障清淨。如經略說一切助菩提分法於念念中皆悉具足故。如是雙行差別已說。次說前上地勝差別。下地增上方便行滿足故。七地中說。

經曰爾時解脫月菩薩問金剛藏菩薩言。佛子。菩薩但於第七菩薩地中具足一切助菩提分法。爲當一切菩薩諸地中亦皆具足。金剛藏菩薩言。佛子。菩薩於十菩薩地中悉具足一切助菩提分法。但第七地勝故得名。何以故。佛子。是菩薩此菩薩地中方便行具足得入智慧神通行故。佛子。菩薩於初地中發願。觀一切佛法故。具足助菩提分法。第二地中除心惡垢故。具足助菩提分法。第三地中願轉增長得法明故。具足助菩提分法。第四地中入道故。具足助菩提分法。第五地中隨順行世間法故。具足助菩提分法。第六地中。入甚深法門故。具足助菩提分法。此第七菩薩地中。起一切佛法故。具足一切助菩提分法。

論曰云何下地增上方便行滿足。以滿足故。入大智通行。如經金剛藏菩薩言。佛子。菩薩於十菩薩地中悉具足一切菩提分法。但第七地勝故得名。何以故。佛子。是菩薩此菩薩地中方便行具足得入智慧神通行故。是中通者五神通。智者如前說。云何此地中方便行滿足。彼餘世間出世間行中更起殊勝行。是故此七地中起一切佛法故。能具足助菩提分法。如經佛子菩薩於初地中發願觀一切佛法故具足助菩提分法。乃至此第七菩薩地中起一切佛法故。具足一切助菩提分法故。如是前上地勝差別下地增上方便行滿足已說。云何上地增上修行智慧方便菩提分。功用行滿足故。

經曰何以故。佛子。菩薩從初地來乃至七地。得諸智慧所行道。以是力故。從第八菩薩地乃至第十地。無功用行自然滿足。佛子。譬如二世界。一染淨世界。二純淨世界。是二中間難可得過。欲過此界當以大神通力。佛子。菩薩如是行於染淨菩薩道難可得過。當以大願力大方便智力大神通力故乃可得過。解脫月菩薩言。佛子。七菩薩地爲是染行爲是淨行。金剛藏菩薩言。佛子。從初地來菩薩所行皆離煩惱染業。何以故。迴向阿耨多羅三藐三菩提故。隨道所行如分平等故。不名爲過七地煩惱行。佛子。譬如轉輪聖王乘上寶象遊四天下。知有貧窮困苦染過之人。而不爲彼過所染。然王未免人身。若捨人身生於梵世住梵天宮。見行千世界。示梵王光明威力。爾時不名爲人。佛子。菩薩亦如是。從初地來乘諸波羅蜜乘行一切世間。亦知世間煩惱染過。而不爲煩惱過之所染。以乘正道故。而不名爲過七地煩惱染。若菩薩捨一切功用行。從七地入第八地。爾時名爲乘菩薩清淨乘行一切世間。如實知一切煩惱染過。而不爲煩惱過之所染。以得過故。佛子。菩薩住是第七菩薩地。過多貪欲等諸煩惱衆。是菩薩住此菩薩遠行地中。不名有煩惱者。不名無煩惱者。何以故。一切煩惱不行故。不名有煩惱者。貪求如來智慧未滿足故。不名無煩惱者。

論曰云何上地增上智慧方便行菩提分。功用滿足故。如經何以故。佛子。菩薩從初地來乃至七地得諸智慧所行道乃至當以大願力大方便智力大神通力乃可得過故。從初地來遠離一切煩惱示現如是。此地名爲染淨。非染行如分行平等道故。彼菩薩此地中。隨力分捨功用道如轉輪王譬。第八地中。自然得報行過煩惱染過。示現如生梵世捨轉輪王人身。如經諸佛子。譬如轉輪聖王乃至不爲煩惱過之所染。以得過故。佛子。菩薩住是第七菩薩地過多貪欲等諸煩惱衆者。未至報地故。是故此地不名離煩惱行。有功用故。菩薩住此遠行地中。不名有煩惱者。乃至未滿足故。不名無煩惱者。如是前上地勝差別分已說。次說雙行果差別此有四種相。一業清淨。二得勝三昧。三過地。四得勝行。云何業清淨。

經曰是菩薩住此第七菩薩遠行地中。畢竟成就深淨身業。畢竟成就深淨口業。畢竟成就深淨意業。是菩薩所有不善業道。諸佛所呵皆已捨離。所有善業道諸佛所歎是則常行。世間所有經書技術。如五地中說自然而行。是菩薩於三千大千世界中得爲大師。唯餘諸佛及八地菩薩無有衆生深心妙行能與等者。是菩薩所有禪定三昧三摩跋提神通解脫一切現前。修行門中非善成就報力。如第八菩薩地。是菩薩住此第七菩薩遠行地。於念念中具足修集方便智力及一切助菩提分法。得轉勝具足。

論曰業清淨者有四種相。一戒淨勝。如經是菩薩住此第七菩薩遠行地中畢竟成就深淨身業乃至是則常行故。二世間智清淨勝。如經世間所有經書技術乃至自然而行故。三得自身勝心行二平等無與等者。如經是菩薩於三千大千世界中乃至深心妙行無與等者故。四得勝力禪等現前勝。如經是菩薩所有禪定三昧乃至得轉勝具足故。是中依禪起三昧三摩跋提神通解脫。爲教化衆生故。寂滅樂行故。滅定三摩拔提。如是次第如是雙行果。業清淨四種相已說。次說得勝三昧。

經曰是菩薩住此第七菩薩遠行地中。入名善擇智菩薩三昧善思義三昧益意三昧分別義藏三昧擇一切義三昧善住堅根三昧智神通門三昧法界業三昧如來利益三昧入名種種義藏世間涅槃門菩薩三昧。菩薩如是大智通門。滿足上首十三昧。能入百千菩薩三昧門。淨治此地。

論曰得勝三昧者有十種相。一依未觀義。二依已觀義。如經是菩薩住此第七菩薩遠行地中入名善擇智菩薩三昧故。善思義三昧故。三依一句無量義勝。四依一義說無量名。如經益意三昧故。分別義藏三昧故。五依通一切五明處智。如經擇一切義三昧故。六依煩惱障淨眞如觀堅根故。如經善住堅根三昧故。七依智障淨。有四種障淨故。一勝功德障此對治。如經智神通門三昧故。二無障礙智障此對治。如經法界業三昧故。三於深上佛法性弱障此對治。如經如來利益三昧故。四不住行障此對治。如經入名種種義藏世間涅槃門菩薩三昧故。種種義藏者。種種善根故。如是大智通門滿足上首十三昧。能入百千萬菩薩三昧門。淨治此地故。已說得勝三昧。次說過地。

經曰是菩薩得是三昧智慧方便善清淨故。得大悲力故。過聲聞辟支佛地。現前思量趣智慧地。

論曰過聲聞辟支佛地者。有二種相。一修行方便智力。二大悲力故。現前者。能入法流水。思量智慧地者。八地智慧應知。但觀奢摩他毘婆舍那道。彼處成就故。復次過者。業勝故示現。

經曰是菩薩住此第七菩薩遠行地中。無量身業無相行。無量口業無相行。無量意業無相行。是菩薩善清淨行故。得無生法忍光明。解脫月菩薩言。佛子。菩薩住菩薩初地。有無量身業無量口業無量意業。已過一切聲聞辟支佛行成。金剛藏菩薩言。佛子。觀大法故過。非是自智行力。此第七菩薩地。得自智行力觀故。一切聲聞辟支佛所不能壞。佛子。譬如王子生在王家。具足王相勝一切臣眾。以豪尊力故。非自智行力故。若身長大自具智力所作事成。過一切臣眾。如是佛子。菩薩初發心時。已勝一切聲聞辟支佛。以深心大故。今住此第七菩薩地中。自智行住故。過一切聲聞辟支佛事。

論曰無量三業無相行者。入定遠離相。是無量聲聞緣覺。亦有淨業遠離相非無量相。不能利益一切衆生故。復次此無量勝餘下地事故。善清淨行者。修方便行滿足故。無生法忍光明者。相現前故。王子喻者。此地中勝過示現。修方便行滿足故。自智行住者。方便行盡念觀住故。如經佛子。譬如王子生在王家乃至自智行住故過一切聲聞辟支佛事故。無量身等勝業已說。非但多無量神力。亦無量示勝義故。

經曰。諸佛子。是菩薩住此第七菩薩遠行地。得甚深遠離無行。身口意業轉求勝行而不捨離。

論曰甚深者遠入故。遠離者彼障滅故。無行者。彼餘出世間世間地不能行故。身口意業轉求勝行而不捨離者。聲聞辟支佛雖離彼相業不如是。得少爲足不求上行故。如是雙行果過二乘地已說。云何得勝行。

經曰解脫月菩薩言。佛子。菩薩從何地來能入寂滅定。金剛藏菩薩言。佛子。菩薩從第六地來能入寂滅定。今住第七菩薩地。於念念中能入寂滅定而不證寂滅定。是菩薩畢竟成就不可思議身口意業。佛子。是諸菩薩行實際行而不證寂滅定。佛子。譬如有人乘大船舫入於大海。善知行船善知水相。不爲大海水難所害。如是佛子。菩薩住此第七菩薩地中。乘諸波羅蜜船行實際行。而不證寂滅定。

論曰行實際行而不證寂滅定。以不捨有故。如經金剛藏菩薩言佛子。菩薩摩訶薩從第六地來能入寂滅定乃至而不證寂滅定故。如是三摩跋提勝行已說。次說發起勝行。

經曰菩薩如是通達三昧智力修行。起大方便智力故。現身世間門深心涅槃。雖眷屬圍遶而心常遠離。以願力受生三界而不爲世間所染。心常寂滅以方便力而還熾然雖然不燒。隨順佛智轉聲聞辟支佛地。通達諸佛境界藏現魔境界。過四魔道現行魔境界。現諸外道行而深心不捨佛濟。通達一切世間事心常在出世間道法。所有莊嚴之事。勝諸天龍夜叉乾闥婆阿修羅迦樓羅緊那羅摩睺羅伽人非人四天王釋提桓因梵天王而不捨樂法念。

論曰發起殊勝行者。有八種行共對治攝。一起功德行隨順世間門。如經菩薩如是通達三昧智力修行起大方便智力故現身世間門深心涅槃故。二上首攝餘行。如經雖眷屬圍遶而心常遠離故。三願取有行。如經以願力受生三界而不爲世間所染故。四家不斷行。遠離貪欲隨煩惱使而示貪欲行事。如經心常寂滅以方便力而還熾然雖然不燒故。五入行。如經隨順佛智轉聲聞辟支佛地故。六資生行。飲食睡夢等魔境界故。如經通達諸佛境界藏現魔境界故。七退行。示老病死此三魔境界故。如經過四魔道現行魔境界故。八轉行。有三種轉。一見貪轉。如經現諸外道行而深心不捨佛濟故。二障礙轉。如經通達一切世間事而心常在出世間道法故。三貪轉。天龍等尊重心攝取轉彼貪心故。如經所有莊嚴之事勝諸天龍乃至而不捨樂法念故。

經曰菩薩成就如是智慧。住此菩薩遠行地已多見諸佛。以大神通力大願力故。見多百佛多千佛多百千佛多百千那由他佛多億佛多百億佛多千億佛多百千億佛多百千億那由他佛。以大神通力大願力故。是菩薩見諸佛時。以上心深心供養恭敬尊重讚歎衣服飲食臥具湯藥。一切供具悉以奉施。以諸菩薩上妙樂具供養眾僧。以此善根皆願迴向阿耨多羅三藐三菩提。於諸佛所生上恭敬。專心聽法聞已受持。聞受持已得如實三昧智慧光明隨順修行。行已憶持守護諸佛正法。一切聲聞辟支佛智慧問難所不能壞。是菩薩復能利益眾生故法忍轉淨。是菩薩住此菩薩遠行地中。於無量劫彼諸善根轉勝明淨調柔成就。復轉盡成就。無量百劫無量千劫無量百千劫無量百千那由他劫無量億劫無量百億劫無量千億劫無量百千億劫無量百千億那由他劫。彼諸善根轉勝明淨調柔成就。復轉盡成就。佛子。譬如本眞金。以一切眾寶具足莊嚴。光色轉勝明淨。餘莊嚴具所不能及。如是佛子。菩薩住此第七菩薩遠行地中。彼諸善根從方便智起轉勝明淨。一切聲聞辟支佛所不能壞。佛子。譬如日光。一切星宿月光所不能壞。閻浮提內所有泥水悉能乾竭。如是佛子。菩薩住此第七菩薩遠行地中。彼諸善根一切聲聞辟支佛所不能壞。又能乾竭一切眾生煩惱淤泥。是菩薩十波羅蜜中。方便波羅蜜增上。餘波羅蜜非不修習隨力隨分。諸佛子。是名略説菩薩第七菩薩遠行地。若菩薩住此地中多作他化自在天王所作自在善令眾生發生正智。亦令眾生渡煩惱海。所作善業布施愛語利益同事是諸福德。皆不離念佛念法念僧念菩薩念菩薩行念波羅蜜念十地念不壞力念無畏念不共佛法。乃至不離念一切種一切智智。常生是心。我當於一切眾生中爲首爲勝爲大爲妙爲微妙爲上爲無上爲導爲將爲師爲尊。乃至爲一切智智依止者。復從是念發精進行。以精進力故。於一念間得百千億那由他三昧。見百千億那由他佛。知百千億那由他佛神力。能動百千億那由他佛世界。能入百千億那由他佛世界。能照百千億那由他佛世界。能化百千億那由他佛世界眾生。能住壽百千億那由他劫。能知過去未來世各百千億那由他劫事。能善入百千億那由他法門。能變身爲百千億那由他。於一一身能示百千億那由他菩薩以爲眷屬。若以願力自在勝上。菩薩願力過於此數示種種神通。或身或光明或神通或眼或境界或音聲或行或莊嚴或加或信或業。是諸神通。乃至無量百千萬億那由他劫。不可數知。

論曰守護諸佛正法者。於三千大千世界中得爲大師故。修方便行滿足故。彼守護上首故。利益衆生故法忍轉顯。此地釋名應知。如經是菩薩復能利益衆生故。法忍轉淨故。修行功用盡至故。名爲遠行地。一切衆寶具足莊嚴。眞金喻者。示現一切菩提分法方便行。功用滿足故。此地中諸善根轉勝明淨示現。如經譬如本眞金乃至一切聲聞辟支佛所不能壞故。日光喻者。如前地說。此地勝故。如經佛子。譬如日光乃至又能乾竭一切衆生煩惱淤泥故。餘如前說。

十地經論遠行地第七 卷之九竟

十地經論不動地第八　卷之十

天親菩薩造

後魏北印度三藏菩提流支等譯

論曰。第八地中有七種相差別。一總明方便作集地分。二得淨忍分。三得勝行分。四淨佛國土分。五得自在分。六大勝分。七釋名分。云何總明方便作集地分。

經曰。爾時金剛藏菩薩言。諸佛子。若菩薩於七地中善集慧方便。善清淨諸行。善集助道法。善起大願力。善加如來力加。自善根力得力故。常念隨順如來力無畏不共佛法故。善淨深心覺故。成就福德智力故。大慈悲等不捨一切衆生行故。通達無量智道故。

論曰。總明方便作集地分者。七地總故同相及別相。云何同相。同相有三種。一者二種無我上上證故。二者不住道清淨故。三者彼方便智行所攝滿足。

助菩提分法故。如經諸佛子若菩薩於七地中善集慧方便故。善清淨諸行故。善集助道法故。云何別相。善起大願力。等初地等諸地。如經善起大願力故。第二地中。是故我應等行十善業道修行一切種。令清淨具足彼處如來力故。如經善加如來力加故。第三地中厭得不退禪定等。自善根力得通達故。如經自善根力得力故。第四地中所說法分別智教化智障淨勝念通達佛法。如經常念隨順如來力無畏不共佛法故。第五地中深淨心平等善淨深心等。如經善淨深心覺故。第六地中大悲自在爲首增上觀因緣集成就福德智力。如經成就福德智力故。第七地中方便智慧發起殊勝道不捨一切衆生行。如經大慈悲等不捨一切衆生行故。以無量衆生界故入無量智道。如經通達無量智道故。如是第八地總明方便作集地分已說。云何得淨忍分。得無生法忍故。彼清淨自然無功用行應知。

經曰入一切法本來無生。無成。無相。無出。不失。無盡。不行。非有有性。初中後平等。眞如無分別入一切智智。是菩薩遠離一切心意識憶想分別。無所貪著。如虛空平等。入一切法如虛空性。是名得無生法忍。

論曰。復次彼忍於四種無生中應知。四種無生者。一事無生。二自性無生。三數差別無生。四作業差別無生。是中事無生者。實有七種事。一淨分法中本有實此對治。如經入一切法本來無生故。二新新生實此對治。如經無成故。三者相實此對治。如經無相故。四後際實此對治。如經無出故。五先際實染分中煩惱障故此對治。如經不失故。六盡實諸衆生此對治。如經無盡故。七雜染實淨分中此對治。如經不行故。自性無生者。是法無我彼法無我。自體無性故。如經非有有性故。彼觀事故是此忍不得言無所有觀。法無我無二相故。數差別無生者。於三時中染淨法不增減故。如經初中後平等故。作業差別無生者。於眞如中淨無分別佛智故。如經眞如無分別入一切智智故。如是無生法忍觀示現。次示現行遠離報分別境界想。攝受分別性想故。如經是菩薩遠離一切心意識憶想分別故。想者遠離障法想非無治法想。彼治想於下地中有三種勝事。一無功用自然行。如經無所貪著故。二遍一切法相。如經如虛空平等故。三入眞如不動自然行故。如經入一切法如虛空性。是名得無生法忍故。如是八地得淨忍分已說。次說得勝行分。

經曰。又佛子。如是成就法忍。菩薩即時得是第八菩薩不動地。得爲深行菩薩難可得知。無能分別。離一切相。離一切想一切貪著。無量無邊一切聲聞辟支佛所不能壞。寂靜一切寂靜而現在前。佛子。譬如比丘得具足神通心得自在。次第入滅盡定。一切動心憶想分別皆悉盡滅。佛子。菩薩亦如是。住是第八菩薩不動地。即離一切有功用行及諸憶念得無功用法。離身口意務住報行成。佛子。譬如有人夢中見身墮在大河。是人爾時發大勇猛施大方便欲出此河。發勇猛時忽然便寤。寤已即離一切勇猛方便懅事。佛子。菩薩亦如是。從初已來見諸衆生墮四大河。發大精進力廣修行道至不動地。即離一切想有功用行。是菩薩一切不行二心諸所憶想不復現前。佛子。譬如生在梵天。欲界煩惱一切不行。如是佛子。菩薩住此菩薩不動地。一切心意識等不行。一切佛心菩提心菩薩心涅槃心不行。何況當行世間心。

論曰是中得勝行者。得深行故。深行有七種。一難入深。如經又佛子。如是成就法忍菩薩即時得是第八菩薩不動地得爲深行菩薩難可得知故。二同行深。諸淨地菩薩同故。如經無能分別故。三境界深。能取可取不現前故。如經離一切相離一切想一切貪著故。護一切障想故。言離一切貪著。四修行深。自利利他行故。如經無量無邊故。五不退深。如經一切聲聞辟支佛所不能壞故。六離障深。如經寂靜故。七對治現前深。如經一切寂靜而現在前故。眞如一切寂靜故。滅盡定喻者。示彼行寂滅故。如經佛子譬如比丘乃至離身口意務住報行成故。一切動心憶想分別皆悉盡滅者無彼依止故。即離一切有功用行者。過功用行地故。得無功用法者。得彼對治法故。以得無功用法自然行故。住報行成示現得有功用行相違法故。復住報行成者。善住阿梨耶識眞如法中故。夢寤喻者。示此行中護彼過想有正智想此行寂滅故。如經佛子譬如有人夢中見身乃至諸所憶想不復現前故。是中依淸淨世間涅槃二心不行故。依境界受用念想不行故。生梵天喻者。於下地心一向不行得報地故。此說遠離勝。如經佛子譬如生在梵天乃至何況當行世間心故。是中順行不順行二分心等佛等不行故。大乘小乘差別故。大乘小乘中。衆生法差別故無學學差別。佛等涅槃差別說應知。是中順行者。順行分中心等不行故。如經一切心意識等不行故。是中不順行者。不順行分中佛等不行故。如經佛心乃至涅槃心不行故。大乘小乘差別。大乘中差別者。佛菩薩涅槃差別故。小乘中差別者。聲聞涅槃阿羅漢等差別故。大小乘中衆生法差別者。佛菩薩差別故。法差別者。菩提涅槃差別故。小乘中無學學衆生差別故。是中法差別者。涅槃差別故。無學差別者。阿羅漢差別故。有學差別故。阿那含等差別故。如是等行皆悉不行故。

經曰佛子。是菩薩得此不動地已。本願力住故。諸佛爾時彼法流水門中與如來智慧。復作是言。善哉善哉。善男子。汝得此究竟忍順一切諸佛法故。善男子。我等所有十力四無所畏十八不共佛法成就。汝今未得當爲成就諸佛法故。勤求精進亦莫捨此忍門。

論曰此與如來智慧力。轉彼深行樂足心故。歎得上法故。不得修教授故。若不捨此忍行不得成就一切佛法故。依彼有力能作故。如經佛子是菩薩得此不動地已。本願力住乃至亦莫捨此忍門故。

經曰復次善男子。汝雖得是寂滅解脫。此凡夫衆生不善不寂滅。常在種種煩惱集中。爲種種異念覺觀所害。汝當愍念如是衆生。

論曰依彼衆生無大利益事。現起煩惱使在家出家分中深著煩惱衆生轉故。如經善男子汝雖得是寂滅解脫乃至汝當憨念如是衆生故。不善者。現起煩惱染故。不寂滅者。不遠離彼使故。常在種種煩惱集中者。於在家分中故。爲種種異念覺觀所害者。於出家分中故。

經曰復次善男子。汝應念本所願欲大利益衆生欲得不可思議智慧門。

論曰依願教化衆生。智行廣能轉故。如經復次善男子汝應念本所願乃至欲得不可思議智慧門故。

經曰復次善男子。此一切法中。法性有佛無佛法界常住。諸如來不以得此法故。說名爲佛。聲聞辟支佛亦得此無分別法。

論曰依不共義。功行疲惓彼垢轉故。如經復次善男子。此一切法中法性乃至亦得此無分別法故。

經曰復次善男子。汝觀我等無量淨身無量智慧無量佛國土無量光輪無量起智無量淨音。汝今應起如是等事。

論曰無量淨身等彼佛法成就有力示現依利益衆生故。此利益衆生事以何事身。如經復次善男子汝觀我等無量淨身故。以何等智。世諦智第一義諦智。如經無量智慧故。以何等土清淨國土。如經無量佛國土故。以何等攝伏。如經無量光輪故。隨所度衆生行智慧。如經無量起智故。隨所言說。如經無量淨音故。如來作無量利益衆生。汝今應起如是等事示現。

經曰復次善男子。汝今適得此一法明。所謂一切法寂滅無分別法明。如是善男子。如來法明。無量入無量作無量轉。汝爲得彼故應起此法。

論曰復示諸佛無量勝行。如經復次善男子汝今適得此一法明乃至應起此法故。無量入者法門差別故。無量作者作事差別故。無量轉者依上上不斷差別故。

經曰復次善男子。汝觀十方無量國土無量眾生。無量法差別。汝應如實盡通達彼事。如是佛子。諸佛與此菩薩。如是等無量無邊起智慧門。以此無量智慧門故。是菩薩能起無量差別業皆悉成就。

論曰復少作在隨所見無量世界衆生法差別。少分觀即能成就轉故。如經復次善男子汝觀十方無量國土乃至皆悉成就故。

經曰金剛藏菩薩語解脫月菩薩言。佛子。若諸佛不與此菩薩起智門者。是菩薩爾時即入涅槃。棄捨利益一切眾生。以諸佛與此菩薩無量無邊起智門故於一念中所起智業。比從初發心以來乃至竟第七地。百分不及一。千分百千分百千那由他分億分百億分千億分百千億分百千億那由他分不及一。乃至無量無邊阿僧祇分亦不及一。乃至非算數譬喻之所能及。所以者何。佛子。先以一身起行起故。今此菩薩地中。得菩薩無量身差別故。集無量行力故。無量音聲起故。無量智慧起故。無量生起故。無量清淨國土故。教化無量眾生故。供養恭敬無量諸佛故。隨順覺無量法故。得無量神通力起故。無量眾會差別故。無量身口意業集一切菩薩行力。以不動法故。佛子。譬如乘船欲入大海。未至大海多用功力。若至大海不復用力。但以風力而去。若於大海一日所行。比本功力。至於百歲不能得及。如是佛子。菩薩善集善根資糧。乘大乘船。到菩薩所行大智慧海。於一念間無功用智能入一切智智處。本有功用行。若一劫若百千萬劫不能得及。

論曰。是中即入涅槃者。與智慧示現。如經以諸佛與此菩薩無量無邊起智門故。乃至以不動法故。以諸佛與此菩薩無量無邊起智門者。彼行中攝功德因勝。同作教授說故。乃至算數等。次第解釋應知。數分者。一一爲二二二爲四。如是等喻亦不及一。是事不可喻比故。無量身差別者。一切菩薩身。信解如自身故。如是無量音聲起等亦無量應知。此十句依教化衆生。依集助道行。依障清淨應知。隨身住隨所說隨依智隨所取生隨何國土。得教化衆生隨集功德助道。集智慧助道。供養恭敬無量諸佛故。隨順覺無量法故。隨神通障正覺障清淨故。此一切處。隨順無量身口意業應知。以不動法者。無間不斷集故。佛子。譬如乘船乃至百千萬劫不能得及者。船喻彼行速疾。知因勝示現。善集善根資糧者。於七地中修菩薩行故。乘大乘船到菩薩所行。大智慧海者。八地智慧海應知。如是八地得勝行分已說。次說淨佛國土。此淨佛國土有三種自在行。一器世間自在行。二衆生世間自在行。三智正覺自在行。云何器世間自在行。

經曰佛子。是菩薩得菩薩第八地。從大方便慧起無功用心。在菩薩道觀一切智智力。所謂觀世界成觀世界壞。是菩薩隨世間成彼如實知。隨世間壞彼如實知。隨業因緣集故。世間成彼亦知。隨業因緣盡故。世間壞彼亦知。隨世間幾時成彼亦知。隨世間幾時壞彼亦知。隨世間幾時成住彼亦知。隨世間幾時壞住彼亦知。是菩薩知地界小相。知地界大相。知地界無量相。知地界差別相。是菩薩知水界小相。知水界大相。知水界無量相。知水界差別相。是菩薩知火界小相。知火界大相。知火界無量相。知火界差別相。是菩薩知風界小相。知風界大相。知風界無量相。知風界差別相。是菩薩知微塵細相麤相無量相。知差別相。隨何世界中所有微塵集散。微塵差別皆悉能知。隨何世界中。所有地界若干微塵皆悉能知。所有水界若干微塵皆悉能知。所有火界若干微塵皆悉能知。所有風界若干微塵皆悉能知。所有眾生身若干微塵皆悉能知。所有國土身若干微塵皆悉能知。是菩薩知諸眾生麤身細身差別若干微塵成。知地獄身依若干微塵成。知畜生身依若干微塵成。知餓鬼身依若干微塵成。知阿修羅身依若干微塵成。知天身依若干微塵成。知人身依若干微塵成。是菩薩通達入如是分別微塵智已。知欲界成知色界成知無色界成。知欲界壞知色界壞知無色界壞。知欲界小相。知欲界大相。知欲界無量相。知欲界差別相。知色界小相。知色界大相。知色界無量相。知色界差別相。知無色界小相。知無色界大相。知無色界無量相。知無色界差別相。如是入思量三界智中。是菩薩復善起智明。善知眾生身差別。善知分別眾生身。善觀所應生處。是菩薩隨眾生生處隨眾生身集業。而爲受身教化眾生故。是菩薩現身遍滿三千大千世界。隨眾生身各各差別。如是隨順生處。起現前光明。若二三千大千世界。若三四五。若十二十三十四十五十。若百三千大千世界。若千若萬若百萬若千萬若百千萬若億萬若百千萬億那由他。乃至無量無邊不可説不可説三千大千世界。身遍其中隨眾生自身差別信。如是生處起現前光明智隨順故。是菩薩成就如是智慧。於一佛國土身不動搖。乃至不可説諸佛國土。於眾會中。起現前光明故。

論曰器世間自在。行者有五種自在。一隨心所欲彼能現及不現。二隨何欲彼能現。三隨時欲彼即時現。四隨廣狹欲彼能現。五隨心幾許欲彼能現。如經佛子是菩薩得菩薩第八地從大方便慧起無功用心在菩薩道觀一切智智力乃至隨世間壞彼如實知故。此世界成壞等。初器世間自在行中。隨心所欲彼能現及不現故。隨業因緣集故。世間成彼亦知。隨業因緣盡故。世間壞彼亦知。業集盡智。第二隨何欲彼能現故。隨世間幾時成乃至第四句隨世間幾時壞住彼亦知。隨世間幾時成等智。第三隨幾時欲彼即時現故。是菩薩知地界小相。乃至知人身依若干微塵成。地等相差別智。第四隨廣狹欲彼能現故。是菩薩入如是分別微塵智中乃至現前光明成壞智乃至於一佛國土身不動搖。第五隨心幾許欲彼能現故。是中地界次第境界智相智。云何境界智。非定地報識境界是名小相。定地識境界是名大相。如來境界是名無量相。云何相智。自相同相是名差別相。身麤細者。色無色等諸衆生如是次第欲界等境界智相智。欲界人境界是名小相。天境界大相。色界覺觀境界小相。無覺無觀境界大相。無色界佛法中凡夫境界小相。聲聞菩薩大相。一切如來境界無量相。善知衆生身差別。善知分別衆生身者。善知身不同方便異生同生差別。應知諸佛國土於衆會中起現前光明者。彼處處法身體示現如是淨佛國土器世間自在行已說。云何衆生世間自在行。

經曰。是菩薩隨衆生身差別信。隨決定信差別。彼彼佛國土中。彼彼大會中。如是如是自身示現。是菩薩若於沙門衆中示沙門形色。婆羅門衆中示婆羅門形色。刹利衆中示刹利形色。毘舍衆中示毘舍形色。首陀眾中示首陀形色。居士眾中示居士形色。長者眾中示長者形色。四天王眾中示四天王形色。帝釋眾中示帝釋形色。如是焰摩眾中。兜率眾中。化樂眾中。他化自在眾中。魔眾中。梵天眾中。示梵天形色。乃至阿迦尼吒天眾中示阿迦尼吒天形色。是菩薩應以聲聞身度者示聲聞形色。應以辟支佛身度者示辟支佛形色。應以菩薩身度者示菩薩形色。應以佛身度者示佛身形色。佛子。如是所有不可說諸佛國土中。隨眾生身信樂差別。彼彼佛國土中。如是自身差別示現。

論曰眾生世間自在行者。彼調伏自在故。彼行化眾生身心自同事自身心等分示現。如經是菩薩隨眾生身差別信乃至彼彼佛國土中如是自身差別示現故。如是眾生世間自在行已說。云何智正覺自在行。第一義諦智世諦智等。

經曰是菩薩遠離一切身相分別得身平等。是菩薩知眾生身。知國土身。知業報身。知聲聞身。知辟支佛身。知菩薩身。知如來身。知智身。知法身。知虛空身。是菩薩如是知眾生深心起樂。若以眾生身作自身。如是國土身業報身聲聞身辟支佛身菩薩身如來身智身法身虛空身作自身。是菩薩如是知眾生深心起樂。若以自身作眾生身。如是國土身業報身聲聞身辟支佛身菩薩身如來身智身法身虛空身作眾生身。是菩薩如是知眾生深心起樂。何等何等身。何等何等身中能自在作。是菩薩知眾生身集業身報身煩惱身色身。知無色身。是菩薩知國土身小相大相無量相垢相淨相廣相亂住相倒住相平正相。知方網差別相。知業報身假名差別聲聞身假名差別辟支佛身假名差別。知菩薩身假名差別。是菩薩知如來身菩提身願身化身受神力身相好莊嚴身光明身意生身功德身法身。知智身。是菩薩善知智身善思量相。善如實觀相。果行所攝相。世間出世間差別相。三乘差別相。共不共相。乘不乘相。善知學無學相。是菩薩知法身平等相。知不壞相。知轉時假名差別相。眾生非眾生法差別相。知佛法聖僧法差別相。是菩薩知虛空身無量相周遍相無形相不異相無邊相。知顯色身別異相。

論曰第一義諦智者。遠離一切身相分別。示得身平等自身他身不分別故。如經是菩薩遠離一切身相分別得身平等故。此是不同聲聞辟支佛。第一義智示現世諦智者。善知眾生身等染分淨分不二分善分別知故。如經是菩薩知眾生身乃至知虛空身故。是中眾生世間器世間。彼二生因業。煩惱是染分。三乘是淨分。此三乘隨何智隨何法。彼淨顯示虛空是不二分故。是菩薩如是知眾生深心起樂。若以眾生身作自身。乃至以虛空身作自身等。是菩薩如是知眾生深心起樂。若以自身作眾生身。乃至以自身作虛空身等。是中以衆生身作自身者。彼自在中所作攝取行種種示現。是中衆生身者。業生煩惱妄想染差別。色無色界差別皆如實知。如經是菩薩知衆生身集業身報身煩惱身色身知無色身故。國土身者。千等世界差別應知。淨不淨世界差別皆善分別知。廣等世界差別皆善分別知。如經是菩薩知國土身乃至知方網差別相故。廣相等諸句義如初地說。業報聲聞辟支佛菩薩身假名差別者。自相同相差別假名分別無我人故。如經是菩薩知業報身假名差別乃至知菩薩身假名差別故。是菩薩知如來身者。示成正覺爲菩提故。願生兜率天故。所有佛應化故。自身舍利住持故。所有實報身故。所有光明攝伏衆生故。所有同不同世間出世間心得自在解脫故。所有不共能作廣大利益因故。所有如來無漏界故。所有無障礙智故。是故此智能作一切事。彼事差別皆悉能知。如經是菩薩知如來身菩提身乃至知智身故。是菩薩知智身者。聞思智差別修智差別果行智差別世間出世間智差別皆如實知。如經是菩薩善知智身乃至知學無學相故。是菩薩知法身平等相者。無量法門明等一法身故。如聞取故。隨所化衆生根性相應時說差別故。有根無根差別相故。知第一相差別皆悉能知。如經是菩薩知法身平等相乃至知佛法聖僧法差別相故。是菩薩知虛空身者。知無盡相遍相不可見相無障礙相無爲相。能通受色相因色彼分別皆悉能知。如經是菩薩知虛空身無量相乃至知顯色身別異相故。如是八地淨佛國土三自在行已說。

次說得十自在。

經曰是菩薩善知起如是諸身。則得命自在不可說不可說劫命住持故。得心自在無量阿僧祇三昧入智故。得物自在一切世界無量莊嚴嚴飾住持示現故。得業自在如現生後時業報住持示現故。得生自在一切世界生示現故。得願自在隨心所欲佛國土時示成三菩提故。得信解自在一切世界中佛滿示現故。得如意自在一切佛國土中如意作變事示現故。得法自在無邊無中法門明示現故。得智自在如來力無畏不共法相好莊嚴三菩提示現故。

論曰得自在者。是菩薩如是修行。器世間衆生世間智正覺世間三種自在行故。得十自在。如經是菩薩善知起如是諸身則得命自在乃至得智自在故。此十自在對治十種怖畏。如是次第應知。何者是十種怖畏。一死怖畏。二煩惱垢怖畏。三貧窮怖畏。四惡業怖畏。五惡道怖畏。六求不得怖畏。七謗法罪業怖畏。八追求時縛不活怖畏。九云何云何疑怖畏。十大衆威德怖畏。如是八地得十自在分已說。次說大勝分。

經曰是菩薩得是菩薩十自在已。即時名爲不可思議智者無量智者廣智者不可壞智者。菩薩如是至已。如是智成就。常集起清淨身業。常集起清淨口業。常集起清淨意業。智慧爲首智隨順轉般若波羅蜜增上。大悲爲首方便善巧善能分別。自起願力善加諸佛所加。常不捨利益衆生行。遍知無邊世界差別事。佛子。略說菩薩得此菩薩不動地。身口意業所作皆能集起一切佛法。是菩薩得此菩薩不動地。善住淨心力中離一切煩惱集故。善住深心力中常不離道故。善住大悲力中不捨利益衆生故。善住大慈力中救一切世間故。善住陀羅尼力中不忘法故。善住辯才力中智慧善巧分別一切佛法故。善住神通力中行無邊世界差別故。善住願力中不捨一切菩薩所行故。善住波羅蜜力中修集一切佛法故。善住如來加力中一切種一切智智現前故。是菩薩得如是智力。示一切所作。一切事中無有過咎故。

論曰大勝者。有三種大。一智大。二業大。三彼二住功德大。云何智大。不可思議智者不住世間。不住涅槃故。如經是菩薩得是菩薩十自在已。即時名爲不可思議智者故。此不可思議有三種應知。一修行盡至不可思議。二所知不可思議。三除障智不可思議。如經無量智者故廣智者故不可壞智者故。

是名智大。菩薩如是至已乃至集起一切佛法故。是菩薩如是至已者。如上說。如是智成就者。亦如上說。常集起清淨三業者。此是業大。彼淨業有四種相。一起能起起同時。如經智慧爲首故智隨順轉故。二智攝不染作利益衆生行等。如經般若波羅蜜增上故大悲爲首方便善巧善能分別故。三因攝自行他行因等。如經善起願力故善加諸佛所加故。四作業所起利益衆生。淨佛國土成就一切佛法。如經常不捨利益衆生行故遍知無邊世界差別事故。佛子略說菩薩得此菩薩不動地身口意業所作皆能集起一切佛法故。是名業大。彼二住功德大者。善住淨心力等示現依七種功德故。一善住道功德。如經是菩薩得此菩薩不動地善住淨心力中離一切煩惱集故。善住深心力中常不離道故。善住大悲力中不捨利益衆生故。善住大慈力中救一切世間故。又善住道功德。初二遠離障故。對治堅固故。次二不捨衆生故。二不忘功德。如經善住陀羅尼力中不忘法故。三成就口業功德。如經善住辯才力中智慧善巧分別一切佛法故。四心自在成就功德。如經善住神通力中行無邊世界差別故。五願力成就功德。如經善住願力中不捨一切菩薩所行故。六修行成就功德。如經善住波羅蜜力中集一切佛法故。七與智功德。如經善住如來加力中一切種一切智智現前故。是菩薩得如是智力示一切所作者。得無憎愛不分別衆生有煩惱無煩惱平等作業故。一切事中無有過咎者。以得此七種功德故。如是八地大勝分已說。次說釋名分。

經曰佛子。此菩薩智地名爲不動地。不可壞故。名爲不轉地。智慧不退故。名爲難得地。一切世間難知故。名爲王子地。無家過故。名爲生地。隨意自在故。名爲成地。更不作故。名爲究竟地。智慧善分別故。名爲涅槃地。善起大願力故。名爲加地。他不能動故。名爲無功用地。善起先道故。

論曰釋名有二種。一地釋名。二智者釋名。地釋名者有六種相。一染對治。此染有二種。一下地功用行小乘願諸魔業。二煩惱習行此對治。如經佛子此菩薩智地名爲不動地不可壞故名爲不轉地智慧不退故。二得甚深。如經名爲難得地一切世間難知故。三發行清淨。如經名爲王子地無家過故名爲生地隨意自在故。是中發淨者。如王子一切所作無過故。行淨者。住生地所欲事自在成就故。四世間出世間有作淨勝。如經名爲成地更不作故名爲究竟地智慧善分別故。是中出世間有作淨勝者。以智慧善分別智障淨故。五彼二無作淨勝。如經名爲涅槃地善起大願力故。無作淨勝者。以本願力不捨利益一切衆生故。六菩薩地勝。如經名爲加地他不能動故名爲無功用地善起先道故。又菩薩地勝者。六地七地勝故。六地勝者。發起殊勝行他事念動故。七地有功用。此地中善起先道無功用自然行故。智者釋名者。以何義故。菩薩名爲得不動菩薩。今說此事應知。

經曰佛子。菩薩成就如是智慧。名爲得入佛性。名爲佛功德自照明。名爲隨佛威儀行。名爲佛境界現前。日夜常爲善加諸佛加。常爲四天王釋提桓因梵天王等之所奉迎。常爲密跡金剛神之所侍衛。不捨三昧力。常現無量諸身差別。一切身行中勢力成就。成就大果報神通。於無邊三昧中得自在。能受無量記。隨化世間示成正覺。是菩薩如是通達入大乘衆數。善思量大乘通。日夜常放智光明炎。入無障礙法界道。善知界道差別。能示一切相功德隨意自在。善解先際後際。通達一切迴轉魔道智。入如來智慧境界。能於無邊世界中行菩薩道不退轉力故。是故菩薩名爲得不動菩薩。

論曰彼復有二種義。名爲得不動菩薩。一一向不動。二一體不動。佛性隨順因故。如經佛子菩薩成就得如是智慧名爲得入佛性等。是中佛性者。界滿足勝。隨順因者。三種相示現。一攝功德二行三近。如經名爲佛功德自照明故。名爲隨佛威儀行故。名爲佛境界現前故。是中自照明者。善清淨義故。威儀行者。名爲正行故。現前者。近佛境界故。是中一向不動者。如經日夜常爲善加諸佛加故。彼復依五功德應知。一供養功德。如經常爲四天王釋提桓因梵天王等之所奉迎故。二護功德。如經常爲密跡金剛神之所侍衛故。三依止功德。如經不捨三昧力故。四國土清淨功德。如經常現無量諸身差別故。五教化衆生功德。

復次教化衆生功德。有五種示現。一願取諸有生。如經一切身行勢力成就故。二根心使智力。如經成就大果報神通故。三無量法力轉法輪故。如經於無邊三昧中得自在故。四受力。如經能受無量記故。五說力。如經隨化世間示成正覺故。是菩薩如是通達者。一向不動故。是中一體不動者。入大乘衆數。如經是菩薩如是通達入大乘衆數故。入大乘衆數者。名不破壞義。此有九種。一智不壞。如經善思量大乘通故。二說不壞。如經日夜常放智光明焰故。三解脫不壞。如經入無障礙法界道故。四佛國土清淨不壞。如經善知界道差別故。五入大乘不壞。如經能示一切相功德故。六神通不壞。如經隨意自在故。七能解釋義不壞。如經善解先際後際故。八坐道場不壞。如經通達一切迴轉魔道智故。九正覺不壞。如經入如來智慧境界故。能於無邊世中行菩薩道不退轉力故者。行無障礙不斷絕故。以行無障礙不斷義故。名爲得不動地菩薩。

經曰。菩薩得菩薩不動地。常不離見無量諸佛。善行三昧力故。及大願力故。見諸佛時而不捨供養恭敬。是菩薩於一一劫中一一世界中見無量佛無量百佛無量千佛無量百千佛無量百千那由他佛無量億佛無量百億佛無量千億佛無量百千億佛無量百千萬億那由他佛。以大神通力大願力故。見諸佛時。以上心深心供養恭敬尊重讚嘆。衣服飲食臥具湯藥。一切供具悉以奉施。以諸菩薩上妙樂具供養衆僧。以此善根皆願迴向阿耨多羅三藐三菩提親近諸佛。從諸佛受本世界差別等諸法明。是菩薩轉深入如來法藏。問世界差別事中無能盡者。是菩薩彼諸善根無量劫中轉勝明淨。無量百劫無量千劫無量百千劫無量百千那由他劫無量億劫無量百億劫無量千億劫無量百千億劫無量百千億那由他劫。彼諸善根轉勝明淨。佛子。譬如本眞金。善巧金師作莊嚴具。已繫在閻浮提王若頸若項。閻浮提人餘寶莊嚴具無能奪者。如是佛子。菩薩住此不動地。彼諸善根一切聲聞辟支佛。乃至七地菩薩所不能壞。菩薩得是地大智光明滅諸眾生煩惱闇障。以善分別智門故。佛子。譬如千世界主大梵天王。能於一時流布慈心滿千世界。亦能放光遍照其中如是。

佛子。菩薩住此菩薩不動地中。能放身光照十千萬三千大千世界微塵數世界眾生。漸能除滅諸煩惱火令得清涼。是菩薩十波羅蜜中。願波羅蜜增上。餘波羅蜜非不修習隨力隨分。佛子。是名略說菩薩第八菩薩不動地。若廣說者於無量劫數不能盡。菩薩住是地中。

多作大梵天王主千世界自在最勝。與諸眾生聲聞辟支佛菩薩波羅蜜道無有窮盡。説世間性差別中無能壞者。所作善業布施愛語利益同事。是諸福德皆不離念佛念法念僧念菩薩念菩薩行念波羅蜜念十地念不壞力念無畏念不共佛法。乃至不離念一切種一切智智。常生是心。我當於一切眾生中爲首爲勝爲大爲妙爲微妙爲上爲無上爲導爲將爲師爲尊。乃至爲一切智智依止者。復從是念發精進行。以精進力故於一念間得百萬三千大千世界微塵數三昧。見百萬三千大千世界微塵數諸佛。能知百萬三千大千世界微塵數佛神力。能動百萬三千大千世界微塵數世界。能入百萬三千大千世界微塵數佛世界。能照百萬三千大千世界微塵數佛世界。能化百萬三千大千世界微塵數佛世界眾生。能住壽百萬三千大千世界微塵數劫。能知過去未來世各百萬三千大千世界微塵數劫事。能善入百萬三千大千世界微塵數法門。能變身爲百萬三千大千世界微塵數。於一一身能示百萬三千大千世界微塵數菩薩以爲眷屬。若以願力自在勝上。菩薩願力過於此數。示種種神通。或身或光明或神通或眼或境界或音聲或行或莊嚴或加或信或業。是諸神通乃至無量百千萬億那由他劫。不可數知。

論曰從諸佛受本世界差別等諸法明者。彼因相故。閻浮提王眞金作莊嚴具譬者。得清淨地身心勝故。善根光明轉更明淨示現。如經佛子譬如千世界主大梵天王乃至令得清涼故。餘如前說。

十地經論不動地第八 卷之十竟

十地經論善慧地第九 卷之十一

天親菩薩造

後魏北印度三藏菩提流支等譯

論曰第九地中有四分差別。一法師方便成就。二智成就。三入行成就。四說成就。第八地中但淨佛國土教化衆生。此第九地中辯才力故教化衆生成就一切相能教化故此勝彼故。云何法師方便成就。

經曰爾時金剛藏菩薩言。佛子。菩薩以如是無量智善思量智。更求轉勝深寂滅解脫。復轉求如來究竟智慧。入如來深密法中。思惟選擇不思議大智慧。選擇諸陀羅尼三昧及智令清淨故。現諸神通廣大行。通達世界差別行。修如來力無畏不共佛法無障調柔。通達如來轉法輪莊嚴事。不捨大悲大願力。得入第九菩薩地。

論曰是中法師方便成就者。依他利益自利益。一一五三句示現。依無色得解脫想可化衆生作利益故。如經爾時金剛藏菩薩言佛子菩薩以如是無量智善思量智更求轉勝深寂滅解脫故。依未得究竟佛智自利益。如經復轉求如來究竟智故。依根熟菩薩。依邪念修行可化衆生。依未知法衆生。轉法輪令得知。依邪歸依衆生。依信生天衆生。如是次第五句示利益他行。如經入如來深密法中故。思惟選擇不思議大智慧故。選擇諸陀羅尼三昧及智令清淨故。現諸神通廣大行故。通達世界差別行故。示清淨國土。轉信生天衆生令入佛法故。依正覺依轉法輪生涅槃。此如是次第三句示自利益行。如經修如來力無畏不共佛法無障調柔故。通達如來轉法輪莊嚴事故。不捨大悲大願力。得入第九菩薩地故。不捨利益衆生。大涅槃示現。以得不捨大悲大願力故。應知如是九地法師方便成就分已說。云何智成就

經曰。是菩薩。住此菩薩善慧地中。如實知善不善無記法行。有漏無漏法行。世間出世間法行。思議不思議法行。定不定法行。聲聞辟支

佛法行。菩薩行法行。如來地法行。有爲法行。如實知無爲法行。

論曰是中智成就者。依何等法說法。應知彼法淨染不二。如經是菩薩住此菩薩善慧地中如實知善不善無記法行故。於淨法中有有漏無漏。如經有漏無漏法行故。復無漏法中。有世間出世間法行。如經世間出世間法行故。復彼法有思議不思議。如經思議不思議法行故。彼思議復有定不定。如經定不定法行故。彼復於三乘中。如經聲聞辟支佛法行故。菩薩行法行如來地法行故。彼復三乘法中。示有爲無爲依順行。如經有爲法行如實知無爲法行故。如是九地智成就分已說。云何入行成就。

經曰是菩薩。隨順如是智慧。如實知衆生心行稠林。煩惱行稠林。業行稠林。根行稠林。信行稠林。性行稠林。深心行稠林。使行稠林。生行稠林。習氣行稠林。如實知三聚差別行稠林。

論曰是中入行成就者。依共依煩惱業生共染煩惱染淨等。依定不定時。如經是菩薩隨順如是智慧如實知衆生心行稠林故。乃至三聚差別行稠林故。彼復定不定時根等。次第根等相似信等。如經根行稠林故。信行稠林故。性行稠林故。深心行稠林故。使行稠林故。生行稠林故。習氣行稠林故。如實知三聚差別行稠林故。稠林者。衆多義故難知義故。行者不正信義故。云何心行稠林差別。

經曰是菩薩如實知衆生諸心種種相。心雜相。心輕轉生不生相。心無形相。心無邊一切處衆多相。心清淨相。心染不染相。心縛解相。心幻起相。心隨道生相。乃至無量百千種種心差別相。皆如實知。

論曰是中心行稠林差別者。心種種差別異故。如經是菩薩如實知衆生心種種相故。彼心種種相。有八種。一差別相。心意識六種差別故。如經心雜相故。二行相。住異生滅行故。如經心輕轉生不生相故。三第一義相。觀彼心離心心身不可得故。如經心無形相故。四自相。順行無量境界取故。如經心無邊一切處衆多相故。五自性不染相。如經心清淨相故。六同煩惱不同煩惱相。如經心染不染相故。七同使不同使相。如經心縛解相故。八因相。諸菩薩以願力生餘衆生自業力生故。如經心幻起相故。心隨道生相故。乃至無量百千種種心差別相皆如實知故。以自性清淨心故。第六第七心染不染故。心縛解故。此二句煩惱染示現。第八句心隨道故。生染示現。云何煩惱行稠林差別。

經曰是菩薩。如實知諸煩惱深入相。行無邊相。共生不離相。煩惱使一義相。心相應不相應相。隨道生處得報相。三界中差別相。愛無明見箭大過相。三種業因不斷相。略說乃至如實知八萬四千煩惱行差別相。

論曰煩惱行稠林差別者。三種事示現。一遠入乃至有頂故。如經是菩薩如實知煩惱深入相故。二難知無量善根等修集行故。如經行無邊相故。三染業煩惱生染故。是中隨所縛以何縛及所縛事此事說煩惱染染事示現。如經共生不離相故。煩惱使一義相故。心相應不相應相故。是中隨所縛者。迭共同事迭共相依共生不離故。以何縛者。謂使以有使故。不得解脫煩惱使一義故。所縛事者。謂心心相應不相應故。不相應者。示可得解脫故。身事生道界因故。生煩惱染示現。如經隨道生處得報相故。三界中差別相故。於三分中業因障解脫故。隨順世間身口意業故。不斷起因故。業煩惱妄想染示現。如經愛無明見箭大過相故。三種業根本不斷相故。乃至如實知八萬四千煩惱行差別相故。三分者。一愛行欲衆生。二無戒衆生。三外道衆生。云何業行稠林差別。

經曰是菩薩如實知諸業善不善無記相。有作未作相。心共生不離相。因自性盡集果不失次第相。有報無報相。黑業白業黑白業不黑不白業正受業差別相。業因無量相。聖世間差別相。現報生報後報相。乘非乘定不定相。乃至如實知八萬四千諸業差別相。

論曰業行稠林差別者。道因差別示現。如經是菩薩如實知諸業善不善無記相故。自性差別。如經有作未作相故。方便差別。如經心共生不離相故。盡集果差別。如經因自性盡集果不失次第相故。已受果未受果差別。如經有報無報相故。對差別。如經黑業白業黑白業不黑不白業正受業差別相故。因緣差別。如經業因無量相故。未集已集差別。如經聖世間差別相故。定不定報差別。如經現報生報後報相故。乘非乘定不定相故。乃至如實知八萬四千諸業差別相故。是中自性差別有二種業。一籌量時。二作業時。方便差別者。心共生熏心不別生果故。盡集果差別者。無始時業自然念念滅壞集不失故。有爲作業因盡集故。已受果未受果差別者。生報後報受不受應知。對差別者。黑業對白業。白業對黑業。不黑不白業對二業。二業對不黑不白業。業集成就差別應知。定不定差別者。三種時定不定故。三種乘定不定故。非乘者。世間定不定應知。云何根行稠林差別。

經曰是菩薩如實知諸根濡中上差別相。先際後際別異不別異相。上中下相。煩惱共生不離相。乘非乘定不定相。淳熟定相。隨根網輕轉壞取相相。根增上不壞相。轉不轉根差別相。深入共生種種差別相。略說乃至如實知八萬四千諸根差別相。是菩薩如實知眾生信濡中利相。略說乃至如實知八萬四千信差別相。是菩薩如實知諸性濡中上相。略說乃至如實知八萬四千諸性差別相。是菩薩如實知心濡中上相。略說乃至如實知八萬四千心差別相。

論曰根行稠林差別有九種。一說器差別。如經是菩薩如實知諸根濡中上差別相故。二根轉差別。如經先際後際別異不別異相故。三性差別。如經上中下相故。四煩惱染差別。如經煩惱共生不離相故。五定不定差別。如經乘非乘定不定相故。淳熟定相故。六順行差別。如經隨根網輕轉壞取相相故。七聲聞淨差別。如經根增上不壞相故。八菩薩淨差別。如經轉不轉根差別相故。九示一切根攝差別。如經深入共生種種差別相故。略說乃至如實知八萬四千諸根差別相故。是中根轉差別者。前後根前根下增平故。性差別者。於三乘中性差別故。煩惱染差別者。喜樂等諸根隨煩惱習使染故。定不定差別者。於三乘中於世間中定不定熟不熟故。是中小乘不定根衆生。菩薩令轉向大乘故。定根者。菩薩令度二乘中解脫報定者。捨順行差別者。有三種順行。一身依順行迭共相縛六入展轉故。二生滅順行輕壞故。三觀行取相故。聲聞淨差別者。行增上障滅能成義故。菩薩淨差別者。轉不轉地差別故。一切根攝差別者。始行方便報熟根差別故。信性心濡中上等無量差別相皆如實知。如經是菩薩如實知衆生信濡中上相。乃至如實知八萬四千心差別相故。如是性入應知。云何使行稠林差別。

經曰。是菩薩如實知諸使深共生心共生相。心相應不相應不離相。遠入相。無始來不恐怖相。一切禪定解脫三昧三摩跋提神通正修相違相。堅繫縛三界繫相。無始來心相續集相。開諸入門集相。得對治實相。地入隨順不隨順相。不異聖道滅動相。略說乃至如實知八萬四千種種使差別相。

論曰是中使者。隨逐縛義故。此使行稠林差別者。何處隨逐以何隨逐此事差別示現。何處隨逐者。報非報心。如經是菩薩如實知使深共生心共生相故。心不離現事故。欲色無色上中下差別。如經心相應不相應不離相故。隨順乃至有頂。如經遠入相故。無邊世界唯智怖畏如怨賊未曾有聞思修智是故不滅。如經無始來不恐怖相故。世間禪定等不能滅心隨順行。如經一切禪定解脫三昧三摩跋提神通正修相違相故。以何隨逐者。有六種隨逐。六種隨逐者六句說。一者有不斷隨逐。以有不斷相。似使作縛故。如經堅繫縛三界繫相故。二遠時隨逐故。如經無始來心相續集相故。三一身生隨逐故。眼等諸入門六種生集識同生隨逐故。及阿黎耶熏故隨逐。如經開諸入門集相故。四不實隨逐。對治實義故。如經得對治實相故。五微細隨逐。於九地中六入處煩惱身隨逐故。如經地入隨順不隨順相故。六離苦隨逐。出世間行餘行不能離故。如經不異聖道滅動相故。略說乃至如實知八萬四千種種使差別相故。云何生行稠林差別。

經曰是菩薩如實知諸生差別相。隨業生相。地獄畜生餓鬼阿修羅人天差別相。有色無色生差別相。有想無想生差別相。業是田。愛是水。無明是黑闇。識是種子。後身是生芽相。名色共生而不離相。有癡求愛相續相。欲受欲生樂眾生相續無際相。貪著三界相出相。皆如實知。

論曰生行稠林差別有八種。一身種種。如經是菩薩如實知諸生差別相故。二業種種。如經隨業生相故。三住處種種。如經地獄畜生餓鬼阿修羅人天差別相故。四色相上下種種。如經有色無色生差別相故。有想無想生差別相故。五同外色因種種。如經業是田愛是水無明是黑闇識是種子後身是生芽相故。六自相種種。如經名色共生而不離相故。七本順生因種種。如經有癡求愛相續相故。八集苦諦種種差別示現。如經欲受欲生樂衆生相續無際相故。貪著三界相出相皆如實知故。是中欲愛者。樂貪共取處處求故欲生者。復有樂有衆生愛自身他身心著相往來上下界取著故。小大無量無想相出有輪展轉苦諦差別示現。云何習氣行稠林差別。

經曰是菩薩如實知習氣行不行差別相。隨道生處熏有習氣。隨共衆生行有習氣。隨業煩惱有習氣。隨善不善無記法有習氣。後有有習氣。次第隨逐有習氣。深入不斷煩惱牽有習氣。有實不實有習氣。聲聞辟支佛菩薩如來見聞親近熏有習氣。皆如實知。

論曰習氣行稠林差別有十種。一與果現在非現在差別。如經是菩薩如實知習氣行不行相故。二道熏差別。如經隨道生處熏有習氣故。三親近衆生熏差別。如經隨共衆生行行有習氣故。四功業煩惱熏差別。如經隨業煩惱有習氣故。五善業等熏差別。如經隨善不善無記法有習氣故。六中陰熏差別。如經後有有習氣故。七與果次第熏差別。如經次第隨逐有習氣故。八離世間禪因熏差別。遠入熏不斷煩惱煩惱牽故。如經深入不斷煩惱牽有習氣故。九同法異外道行解脫熏差別。如經有實不實有習氣故。十乘熏差別示現。如經聲聞辟支佛菩薩如來見聞親近熏有習氣皆如實知故。云何三聚行稠林差別。

經曰。是菩薩如實知衆生三聚正定相邪定相離此二不定相。正見正定相邪見邪定相離此二不定相。五逆邪定相五根正定相離此二不定相。八邪邪定相正位正定相。更不作故離此二不定相。姤恪惡行不轉邪定相修行無上聖道正定相。離此二不定相。皆如實知。佛子。菩薩隨順如是智。名爲安住菩薩善慧地。

論曰衆生三聚行稠林差別有五種。一有涅槃法無涅槃法三乘中一向定差別。如經是菩薩如實知衆生三聚正定相邪定相離此二不定相故。二善行惡行因差別。如經正見正定相邪見邪定相離此二不定相故。三惡道善道因差別。如經五逆邪定相五根正定相離此二不定相故。四外道聲聞因差別。如經八邪邪定相正位正定相更不作故。離此二不定相故。五菩薩差別示現。如經妬恪惡行不轉邪定相修行無上聖道正定相離此二不定相皆如實知故。捨可化衆生名妬不喜施他財名恪。過能生他苦惡行不轉。菩薩波羅蜜相違邪定菩薩。是名法師方便成就智成就入行成就。三種事成就此地中善住。如經佛子菩薩隨順如是智名爲安住菩薩善慧地故。云何說成就與衆生解脫方便故。

經曰是菩薩。住此菩薩善慧地已。如實知衆生如是諸行差別相。隨其解脫而與因緣。是菩薩如實知化衆生法。如實知度衆生法。說聲聞乘法。說辟支佛乘法。說菩薩乘法。如實知說如來地法。是菩薩如是知已。如實爲衆生說法令得解脫。隨心差別隨使差別。隨根差別隨信差別。隨境界差別。種種行習氣。隨順一切境界智隨順性行稠林。隨生煩惱業習氣轉。隨聚差別。隨乘信令得解脫而爲說法。

論曰說成就者。隨其解脫而與因緣。如經是菩薩住此菩薩善慧地已如實知衆生如是諸行差別相隨其解脫而與因緣故。彼說成就。復三種相示現。一智成就。二口業成就。三法師成就。智成就者。隨所知隨所依此事說應知。何者隨所知說。解脫器得熟故。解脫體正度故。解脫差別以三乘差別故。如經是菩薩如實知化衆生法乃至如實知說如來地法故。何者隨所依說。所說法對器故。隨應度者。授對治法故。是義二句說所說法器成隨根隨信而爲說法此義二句說。如經是菩薩如是知已如實爲衆生說法令得解脫隨心差別隨使差別隨根差別隨信差別故。隨譬喻解器。如經隨境界差別種種行習氣故。隨種種異行器。如經隨順一切境界智故。乃至得成就器。如經隨順性行稠林故。隨辭辯器彼生煩惱業熏同行故。如經隨生煩惱業習氣轉故。定不定根轉器。如經隨聚差別故。隨乘因能乘出器。如經隨乘信令得解脫而爲說法故。云何智業成就。

經曰是菩薩住此菩薩善慧地中。略說作大法師。住在大法師深妙義中。守護諸佛法藏。

論曰是中說者持者二句示現。住在大法師深妙義中者。有二十種能作法師事。云何能作法師事。一者時。二者正意。三者頓。四者相續。五者漸。六者次。七者句義漸次。八者示。九者喜。十者勸。十一者具德。十二者不毀。十三者不亂。十四者如法。十五者隨衆。十六者慈心。十七者安隱心。十八者憐愍心。十九者不著利養名聞。二十者不自讚毀他。是中時者無八難故。如偈說。

如王懷憂惱　病恚著諸欲

險處無侍衛　讒佞無忠臣
如是八難時　智臣不應語
心王亦如是　非時不應說

正意者。正威儀住非不正住。此義云何。自立他坐不應爲說法。如是等如戒經中廣說。何以故。諸佛菩薩敬重法故。以敬法故。令他生尊重心。聞法恭敬攝心聽故。頓者。是菩薩正意爲一切衆說一切法。離慳法垢故。相續者。說無休息捨諸法中嫉妒意故。漸者。如字句次第說故。次者。如字句次第義。亦如是說故。句義漸次者。說同義法不說不同義法故。示者。示所應示等故。喜者。喜所應喜故。勸者。怯弱衆生助令勇猛故。具德者。現智比智阿含所證具說故。不毀者。隨順善道說故。不亂者。不動不雜正入非稠林故。如法者。具說四聖諦故。隨衆者。於四衆八部隨所應聞而爲說法故。如是十五種相。菩薩隨順利益他說一切法故。慈心者。於怨衆生中起慈心說法故。安隱心者。於惡行衆生中起利益心說法故。憐愍心者。於受苦樂放逸衆生中起憐愍利樂心說法故。不著利養名聞者。心不悕望常行遠離故。不自讚毀他者。離我慢嫉妒隨煩惱爲衆生說法故。如是五種相。菩薩自心清淨故。具此二十事能作法師。是名住大法師深妙義中故。如是說成就中智成就已說。云何口業成就。

經曰通達無量智方便四無礙智。起菩薩言辭說法。是菩薩日夜常不壞四無礙智。何等爲四。所謂法無礙。義無礙。辭無礙。樂說無礙。

論曰口業成就者。菩薩以四無礙言音說法。如經通達無量智方便乃至樂說無礙故。不壞者。不動故。是中四無礙境界者。一法體。二法境界體。三正得與衆生。四正求與無量門。是中法體者。遠離二邊生法所攝如色礙相如是等。法境界體者。彼遠離二邊生法所攝中。如實智境界。菩薩如彼生法所攝智境界中住如色。何者是色眼色等虛妄分別如是等。正得與衆生者。於彼如實智境界中隨他所喜言說正知隨他言說正知而與故。正求與無量門者。於彼隨他所喜言語正知無量種種義語隨知而與故。是四無礙智十種差別。一依自相。二依同相。三行相。四說相。五智相。六無我慢相。七小乘大乘相。八菩薩地相。九如來地相。十作住持相。後五是淨相。云何自相。

經曰是菩薩用法無礙智知諸法自相。以義無礙智知諸法差別相。以辭無礙智知不壞說諸法。以樂說無礙智知諸法次第不斷說。

論曰是中自相者。有四種。一生法自相。二差別自相。三想堅固自相。四彼想差別自相。如經是菩薩用法無礙智知諸法自相故。以義無礙智知諸法差別相故。以辭無礙智知不壞說諸法故。以樂說無礙智知諸法次第不斷故。是中不壞說者。隨所覺諸相隨彼彼眾生種種說法故。次第不斷說者。次第不息無量眾多異名爲堅固彼義故。云何同相。

經曰復次以法無礙智知諸法無體性。以義無礙智知諸法生滅相。以辭無礙智知諸法假名而不斷假名法說。以樂說無礙智隨假名不壞無邊法說。

論曰是中同相有四種。一者一切法同相。二者一切有爲法同相。三者一切法假名同相。四者假名假名同相。如經復次以法無礙智知諸法無體性故。以義無礙智知諸法生滅相故。以辭無礙智知諸法假名而不斷假名法說故。以樂說無礙智隨假名不壞無邊法說故。是中無常門入無我義中。第二同相初智境界成。是中知諸法假名。而不斷假名法者。假名法以餘假名法說。隨假名不壞無邊法者。不壞前假名而能異假名說。云何行相。

經曰復次以法無礙智知現在諸法差別。以義無礙智知過去未來諸法差別。以辭無礙智知過去未來現在諸法。以不壞說法。以樂說無礙智於一一世得無量法明故說法。

論曰是中行相者有四種。一生行相。二已生未生行相。三物假名行相。四說事行相。如經復次以法無礙智知現在諸法差別故。以義無礙智知過去未來諸法差別故。以辭無礙智知過去未來現在諸法以不壞說法故。以樂說無礙智於一一世得無邊法明故。說法故一一世現在世故。過去未來彼彼世間攝受應知。見過去未來世知現在世。如是彼菩薩智境界成就。事行相者。不出三世中應知。無量法明者。異異法明應知。云何說相。

經曰復次以法無礙智知諸法差別。以義無礙智知諸法義差別。以辭無礙智隨諸言音而爲說法。以樂說無礙智隨所樂解而爲說法。

論曰是中說相者。有四種。一修多羅說相。二彼解釋說相。三隨順說相。四相似說相。如經復次以法無礙智知諸法差別故。以義無礙智知諸法義差別故。以辭無礙智隨諸言音而爲說法故。以樂說無礙智隨所樂解而爲說法故。是中隨諸言音說者。隨彼衆生言音說故。隨所樂解說者。隨諸衆生所有心念。乃至隨所有種種譬喻說。云何智相。

經曰復次以法無礙智以法智知諸法差別不壞方便。以義無礙智以比智如實知諸法差別。以辭無礙智以世智正見故說法。以樂說無礙智以第一義智方便故說法。

論曰是中智相者。有四種。一現見智。二比智。三欲得方便智。四得智。如經復次以法無礙智以法智知諸法差別不壞方便故。以義無礙智以比智如實知諸法差別故。以辭無礙智以世智正見故說法。以樂說無礙智以第一義智方便故說法。是中法智者。知諦差別不異方便法智差別不壞方便故。比智者。如此如實分別餘亦如是。比智如實諦差別知故。第一義智方便者。非顚倒異說應知。云何無我慢相。

經曰復次以法無礙智知諸法一相不壞。以義無礙智知陰界入諦因緣集方便。以辭無礙智知一切世間之所歸敬善妙音聲字句說法。以樂說無礙智所說轉勝無量法明說法。

論曰是中無我慢相者。有四種。一第一義諦無我慢相。二世諦無我慢相。三說美妙無我慢相。四說無上無我慢相。如經復次以法無礙智知諸法一相不壞故。以義無礙智知陰界入諦因緣集方便故。以辭無礙智知一切世間之所歸敬善妙音聲字句說法故。以樂說無礙智所說轉勝無量法明說法故。是中一相不壞者。無我不壞故。我知無我我證無我。如是等壞陰等方便入無我故。是故彼菩薩智境界成。一聚積著我。二異因著。三欲著。四作著。此對治如是次第。陰等方便應知。云何小乘大乘相。

經曰復次以法無礙智知諸法無有差別攝在一乘。以義無礙智知分別諸乘差別門。以辭無礙智能說諸乘不壞。以樂說無礙智於一一乘無量法明說。

論曰是中小乘大乘相者。有四種。一觀相。二性相。三解脫相。四念相。如經復次以法無礙智知諸法無有差別攝在一乘故。以義無礙智知分別諸乘差別門故。以辭無礙智能說諸乘不壞故。以樂說無礙智於一一乘無量法明說故。是中知諸法無有差別攝在一乘者。一觀不異應知。能說諸乘不壞者。依同解脫不懼。無量法明說者。種種法明分別說故。隨可度者依種種念行隨順解脫。云何菩薩地相。

經曰復次以法無礙智知一切菩薩行法行智行隨智入以義無礙智知分別說十地義差別入。以辭無礙智不壞說與隨順諸地道。以樂說無礙智說一一地無量相。

論曰是中菩薩地相者。有四種。一智相。二說相。三與方便相。四入無量門相。如經復次以法無礙智知一切菩薩行法行智行隨智入故。以義無礙智知分別說十地義差別入故。以辭無礙智知不壞說與隨順諸地道故。以樂說無礙智說一一地無量相故。是中一切菩薩行者。法行智行示現觀智說故。十地差別者。謂心說者口言應知不壞說與隨順諸地道者。不顛倒教授故。

云何如來地相。

經曰復次以法無礙智知一切佛於一念間得正覺。以義無礙智知種種時事相差別。以辭無礙智隨正覺差別說。以樂說無礙智於一一句法無量劫說而不窮盡。

論曰是中如來地相者。有四種。一法身相。二色身相。三正覺相。四說相。如經復次以法無礙智知一切佛於一念間得正覺故。以義無礙智知種種時事相差別故。以辭無礙智隨正覺差別說故。以樂說無礙智於一一句法無量劫說而不窮盡故。是中時者。隨何劫中成何等佛事者。隨以何等佛國土。隨何等佛身相者。隨名所記可得見聞故。隨正覺者。依十種佛如正覺應知。云何作住持相。

經曰復次以法無礙智知一切佛語力無畏不共佛法大悲無礙智行轉法輪隨順一切智智。以義無礙智知隨順如來音聲出八萬四千隨眾生心隨根隨信差別。以辭無礙智一切眾生行以如來音聲不壞說以樂說無礙智。以諸佛智行神通圓滿。隨信說法。

論曰是中作住持相者。有四種。一覺相。二差別相。三說相。四彼無量相。如經復次以法無礙智知一切佛語力無畏不共佛法大悲無礙智行轉法輪隨順一切智智故。以義無礙智知隨順如來音聲出八萬四千隨衆生心隨根隨信差別故。以辭無礙智一切衆生行以如來音聲不壞說故。以樂說無礙智以諸佛智行神通圓滿隨信說法故。是中佛語者。能說法故。力者。能破憍慢衆生故。無畏者。能降伏外道故。不共佛法者。不同聲聞辟支佛故。大悲者。常能說法故。無礙智行者。依彼說法故。轉法輪者。隨順說法故。此一切事一切智智通達知故。隨心者。隨心性應知。諸佛智行神通圓滿者。諸佛法身此行爲利益衆生行不可壞故。言圓滿隨彼信故。示現菩薩無盡樂說。如是口業成就已說。云何法師自在成就。四種事示現。一持成就。二說成就。三問答成就。四受持成就。云何持成就。

經曰佛子。菩薩如是善知無礙智。安住第九菩薩地。名爲得諸佛法藏能作大法師。得眾義陀羅尼。眾法陀羅尼。起智陀羅尼。光明陀羅尼。善意陀羅尼。眾財陀羅尼。威德陀羅尼。無障礙門陀羅尼。無量陀羅尼。得種種義陀羅尼。得如是等陀羅尼門。滿足十阿僧祇百千陀羅尼門。如是十阿僧祇百千音聲方便。如是十阿僧祇百千無量信樂門差別說法。是菩薩得如是十阿僧祇百千無量陀羅尼門。能於無量諸佛所聽法聞已不忘。如所聞法能以無量差別門爲人演說。

論曰持成就者。有十種陀羅尼。一義陀羅尼。如經得衆義陀羅尼故。二聞陀羅尼。如經得衆法陀羅尼故。三智陀羅尼。如經起智陀羅尼故。四放光陀羅尼。如經光明陀羅尼故。五降伏他陀羅尼。如經善意陀羅尼故。六供養如來布施攝取貧窮衆生陀羅尼。如經得衆財陀羅尼故。七於大乘中狹劣衆生。示教利益陀羅尼。如經威德陀羅尼故。八不斷辯才陀羅尼。如經得無障礙門陀羅尼故。九無盡樂說陀羅尼。如經得無量陀羅尼故。十種種義樂說陀羅尼。如經得種種義陀羅尼故。乃至隨所聞無量差別說如是等。餘經文。說成就問答成就受持成就。如經說應知。易解故不釋。餘如前說。

經曰是菩薩於一佛所以十阿僧祇百千陀羅尼門聽受法。如從一佛聽法。餘無量無邊諸佛亦復如是。是菩薩於禮敬佛時所聞法明門能受。非多學聲聞。得大陀羅尼力。於十萬劫所能受持。是菩薩得如是陀羅尼力及無礙智樂說力說法。說法時在於法座。遍一切三千大千世界隨衆生心差別說法。是菩薩法座。唯除諸佛及受職菩薩於一切中最爲殊勝。得無量法明。是菩薩處於法座。或以一音說。令一切大衆悉得解了。即得解了。或以種種音說。令一切大衆各得開解。即得開解。或但放光明說。令一切大衆各得解法。即得解法。或以一切毛孔皆出法音。或以三千大千世界所有色物皆出法音。或以一音周遍一切法界皆令得解。或以一切音聲法聲住持。或於一切世界歌詠樂音一切音聲皆出法音。或於一字聲中一切法字句聲皆差別說。或於不可說世界無量地水火風聚細微塵差別一一微塵中不可說法門皆悉能說。是菩薩三千大千世界所有眾生於一念間一時問難。彼一一眾生以無量音聲差別問難。如一人所問餘者異問。是菩薩於一念間悉受如是問難。但以一音皆令開解。如是二三千大千世界。若三四五。若十二十三十四十五十。若百三千大千世界。若千三千大千世界。若萬十萬百萬若億三千大千世界。若十億百千萬億那由他。乃至無量無邊不可說不可說三千大千世界滿中眾生。於一念間一時問難。彼一一眾生以無量音聲差別問難。如一人所問餘者異問。是菩薩於一念間悉受如是問難。但以一音皆令開解。

是菩薩於不可說不可說世界遍滿其中。隨心隨根隨信爲眾生說法得法明故。求如來力滿足佛事。與一切眾生而作依止。是菩薩轉倍精進攝取如是智明。若於一一毛頭處。有不可說不可說世界微塵數如來大會。佛在其中而爲說法。一一如來爲不可說不可說世界微塵數眾生說法。一一眾生心中有不可說不可說世界微塵數心生如來。如是隨眾生心而與法門。如一佛一切佛在一一毛頭處亦如是。如是一切法界中。於是中生大憶念力。於一念間從一切佛所受一切法明而不失一句。何況所說一切世界中眾生是。

菩薩住此菩薩善慧地中。轉勝晝夜更無餘念入佛境界。常得親近一切諸佛。通達甚深菩薩解脫。是菩薩隨順如是智。常入三昧不離親近諸佛。而於一一劫中見無量佛無量百佛無量千佛無量百千

佛無量百千那由他佛無量億佛無量百億佛無量千億佛無量百千億佛無量百千億那由他佛。以上妙供具供養恭敬尊重讚歎親近諸佛。於諸佛所種種問難通達說法陀羅尼。是菩薩彼諸善根轉勝明淨。佛子。譬如本眞金作莊嚴具。已繫在轉輪聖王若頸若頂。一切小王四天下人所有一切諸莊嚴具無能及者。如是佛子。菩薩住此菩薩善慧地中。彼諸善根轉勝明淨。一切聲聞辟支佛及下地菩薩所不能壞。是菩薩善根轉明。能照眾生煩惱心稠林處。照已還攝。佛子。譬如大梵王二千世界中所有一切深稠林處皆悉能照。如是佛子。菩薩住此菩薩善慧地中。彼諸善根光明照諸眾生煩惱心稠林處。照已還攝。是菩薩十波羅蜜中。力波羅蜜增上。餘波羅蜜非不修習隨力隨分。佛子。是名略說菩薩第九菩薩善慧地。若廣說者。於無量劫說不可盡。菩薩住此地中。多作大梵天王得大勢力主二千世界。於自在中而得自在。如實正解最爲殊勝善能宣說。聲聞辟支佛菩薩波羅蜜行衆生問難無能窮盡。所作善業布施愛語利益同事。是諸福德。皆不離念佛念法念僧念菩薩念菩薩行念波羅蜜念十地念不壞力念無畏念不共佛法。乃至不離念一切種一切智智。常生是心。我當於一切衆生中爲首爲勝爲大爲妙爲微妙爲上爲無上爲導爲將爲師爲尊。乃至爲一切智智依止者。復從是念發精進行。以精進力故。於一念間得十阿僧祇百千佛國土微塵數三昧。見十阿僧祇百千佛國土微塵數佛。知十阿僧祇百千佛國土微塵數佛神力。能動十阿僧祇百千佛國土微塵數世界。能入十阿僧祇百千佛國土微塵數世界。能照十阿僧祇百千佛國土微塵數世界。能化十阿僧祇百千佛國土微塵數世界衆生。能住壽十阿僧祇百千佛國土微塵數劫。能知過去未來世各十阿僧祇百千佛國土微塵數劫事。能善入十阿僧祇百千佛國土微塵數法門。能變身爲十阿僧祇百千佛國土微塵數。於一一身能示十阿僧祇百千佛國土微塵數菩薩以爲眷屬。若以願力自在勝上。菩薩願力過於此數。示種種神通。或身或光明或神通或眼或境界或音聲或行或莊嚴或加或信或業。是諸神通。乃至無量百千萬億那由他劫。不可數知。

十地經論善慧地第九　卷之十一　竟

十地經論法雲地第十 卷之十二

天親菩薩造

後魏北印度三藏菩提流支等譯

論曰菩薩於九地中已作淨佛國土及化衆生。第十地中修行令智覺滿足。此是勝故。此地中有八分差別。一方便作滿足地分。二得三昧滿足分。三得受位分。四入大盡分。五地釋名分。六神通力無上有上分。七地影像分。八地利益分。云何方便作滿足地分。

經曰爾時金剛藏菩薩言。佛子。若菩薩如是無量智善觀智。乃至第九菩薩地善擇智。善滿足清白法。集無量助道法。善攝大功德智慧。廣行增上大悲。廣知世界差別。深入衆生界稠林行。念隨順入如來行境界。深入趣向如來力無畏不共佛法。名爲得至一切種一切智智受位地。

論曰。是中地方便作滿足地分者。於初地至九地中善擇智業應知。如經佛子若菩薩如是無量智善觀智。乃至第九菩薩地善擇智故。此善擇智有七種相。一善修行故。有三句。如經善滿足清白法集無量助道法善攝大功德智慧故。此諸句次第相釋應知。二普遍隨順自利利他故。如經廣行增上大悲故。三令佛土淨。如經廣知世界差別故。四教化衆生。如經深入衆生界稠林行故。五善解。如經念隨順入如來行境界故。如來境界者眞如法故。六無厭足。如經深入趣向如來力無畏不共佛法故。七地盡至入。如經名爲得至一切種一切智智受位地故。如是十地方便作滿足地分已說。云何得三昧滿足分。

經曰。佛子。菩薩隨順行如是智。得入受位地。即得菩薩名離垢三昧而現在前。名入法界差別三昧。名莊嚴道場三昧。名一切種花光三昧。名海藏三昧。名海成就三昧。名虛空界廣三昧。名善擇一切法性三昧。名隨一切眾生心行三昧。名現一切諸佛現前住菩薩三昧而現在前。如是等上首十阿僧祇百千諸三昧門皆現在前。是菩薩皆悉入此一切三昧。善知三昧方便。乃至三昧所作正受。此菩薩乃至十阿僧祇百千三昧。最後三昧名一切智智受勝位菩薩三昧而現在前。

論曰得三昧滿足者。離垢三昧等共眷屬現前故。離垢三昧者。離煩惱垢故。而現在前者。不加功力自然現在前故。此離垢三昧復有九種三昧。離八種垢應知。一入密無垢。如經名入法界差別三昧故。二近無垢。如經名莊嚴道場三昧故。三放光無垢。如經名一切種花光三昧故。四陀羅尼無垢。如經名海藏三昧故。五起通無垢。如經名海成就三昧故。六清淨佛土無垢有二句。無量正觀故。如經名虛空界廣三昧。名善擇一切法性三昧故。七化眾生無垢。如經名隨一切眾生心行三昧故。八正覺無垢。成菩提時一切諸佛迭共現前知故。如經名現一切諸佛現前住菩薩三昧而現在前故。乃至名一切智智受勝位菩薩三昧而現在前者。一切智智無分別一切智智平等。受位故。善知三昧方便。乃至三昧所作正受者。滿足三昧事示現如是。十地得三昧滿足分已說。云何得受位分。

經曰是三昧現在前時。即有大寶蓮華王出。周圓如十阿僧祇百千三千大千世界。一切衆寶間錯莊嚴。過於一切世間境界。出世間善根所生。行諸法如幻性境界所成。光明普照一切法界。過一切諸天所有境界。大琉璃摩尼寶爲莖。不可量栴檀王爲臺。大瑪瑙寶爲鬚。閻浮檀金爲葉。華身有無量光明。一切衆寶間錯其內。無量寶網彌覆其上。滿十三千大千世界微塵數等蓮花以爲眷屬。如是成就具足諸相已。爾時菩薩其身姝妙稱可花座。是菩薩得一切智智受勝位三昧力故。即時身在大寶蓮花王座上坐。是菩薩在大寶蓮花王座上坐時。爾時大寶蓮花王眷屬蓮花座上皆有菩薩。一一菩薩皆坐蓮花座上圍遶彼菩薩。一一菩薩各得十十百千三昧。皆一心恭敬瞻仰大菩薩。

論曰是中得受位者。隨何等座隨何等身量隨何等眷屬。隨何等相。隨何等出處。隨所得位。隨如是說。六事應知。是中座處者有十種相。一生相。如經是三昧現在前時即有大寶蓮花王出故。二量相。如經周圓如十阿僧祇百千三千大千世界故。三勝相。如經一切衆寶間錯莊嚴故。四地相。如經過於一切世間境界故。五因相。如經出世間善根所生故。六成相。如經行諸法如幻性境界所成故。七第一義相。如經光明善照一切法界故。善照者名爲正觀故。八功德相。過一切諸天故。如經過一切諸天所有境界故。九體相。莖臺等。如經大琉璃摩尼寶爲莖等。十莊嚴具足相。如經花身有無量光明一切衆寶間錯其內無量寶網彌覆其上故。隨何等身量者。身稱花座。如經爾時菩薩其身姝妙稱可花座如是等。隨何等眷屬者。此坐處大寶蓮花王座眷屬菩薩眷屬住在其中。如經爾時大寶蓮花王眷屬如是等。

經曰是菩薩昇大寶蓮花王座。及眷屬菩薩坐蓮花座入三昧已。爾時十方一切世界皆大震動。一切惡道皆悉休息。光明普照一切法界。一切世界皆悉嚴淨。皆得見聞一切諸佛大會。何以故。佛子。是菩薩坐大寶蓮花王座時。即時兩足下放十阿僧祇百千光明。出已悉照十方無量阿鼻地獄等。滅眾生苦惱。兩膝放十阿僧祇百千光明。出已悉照十方無量畜生。滅除苦惱。臍輪放十阿僧祇百千光明。出已悉照十方無量餓鬼。滅除苦惱。左右脇放十阿僧祇百千光明。出已悉照十方無量人身。滅除苦惱。兩手放十阿僧祇百千光明。出已悉照十方無量諸天阿修羅宮。兩肩放十阿僧祇百千光明。出已悉照十方無量聲聞人。項背放十阿僧祇百千光明。出已悉照十方無量辟支佛身。面門放十阿僧祇百千光明。出已悉照十方無量從初發心乃至得九地菩薩。白毫相放十阿僧祇百千光明。出已悉照十方無量得位菩薩身而住一切魔宮隱蔽不現。頂上放十阿僧祇百千三千大千世界微塵數光明。出已悉照十方一切諸佛大會。圍遶一切世界十匝。住虛空中成大光明輪網臺。名高大光明作大供養供養諸佛。如是供養從初發心乃至得九地菩薩所作供養諸佛。百分不及一。千分不及一。百千分不及一。百千那由他分不及一。億分不及一。百億分不及一。千億分不及一。百千億分不及一。百千億那由他分不及一。乃至算數譬喻所不能及。是大光明輪網臺勝十方世界所有華香末香燒香塗香散香花鬘衣服寶蓋幢幡眾寶瓔珞摩尼寶珠供養之具。過於一切世間境界。以從出世間善根生故。一一佛大會上皆雨眾寶。猶如大雨。若有眾生覺知如是供養者。當知皆是必定不退無上大道。如是諸光明雨大供養已。彼一切光明悉照十方一切諸佛大會。圍遶一切世界十匝。入諸佛足下。爾時彼諸佛及彼大菩薩。知某世界中某甲菩薩行如是菩薩道成就菩薩得位地時。又佛子。即時十方無邊菩薩乃至住九地者。皆來圍遶設大供養一心瞻仰。各得十十百千三昧諸得位地菩薩。於功德莊嚴金剛萬字胸出一大光明名壞魔怨。有十阿僧祇百千光明以爲眷屬。出已悉照十方無量世界。示無量神力亦來入是大菩薩功德莊嚴金剛萬字胸。此光明滅已。是菩薩即時得百千增上大勢力功德智慧而現在前。

論曰隨何等相者。一切世界動等相。如經是菩薩昇大寶蓮花王座乃至皆得見聞一切諸佛大會故。隨何等出處者。以出光明故。復次光明三種業應知。一利益業。二發覺業。三攝伏業。如經何以故佛子是菩薩坐大蓮花王座即時兩足下放十阿僧祇百千光明乃至功德智慧而現在前故。必定不退無上大道。於地中決定義故。復有異義定不放逸。所作之事決定心故。功德莊嚴金剛萬字胸者。於菩薩胸中有功德莊嚴金剛萬字相。名爲無比。

經曰如是佛子。爾時諸佛放眉間白毫相光。名益一切智通。有阿僧祇光明眷屬。照於十方一切世界無有遺餘十匝圍遶一切世界。示於諸佛大神通力。勸發無量百千萬億諸佛。一切十方諸佛國土六種震動。滅除一切惡道苦惱。一切魔宮隱蔽不現。示一切諸佛得菩提處。示一切諸佛大會神通莊嚴之事。照明一切法界際。一切虛空界盡。一切世界已還來集。在一切菩薩大會之上周匝圍遶。示大神通光明莊嚴之事。是光明入彼大菩薩頂上。其諸眷屬光明入諸眷屬蓮花座上。菩薩頂上光明入是菩薩身時。彼諸菩薩各得先所未得十十百千三昧。彼諸光明一時入彼菩薩頂時。彼菩薩名爲得位。

入諸佛境界具佛十力墮在佛數。佛子。譬如轉輪聖王長子玉女寶所生具足王相。轉輪聖王令子在白象寶閻浮檀金座上。取四大海水。上張羅網寶蓋幡華寶幢種種莊嚴。手執金鍾香水灌子頂上。即名灌頂刹利王數。具足轉十善道故。得名轉輪聖王。如是佛子。彼菩薩從諸如來得受位已。名得智位具足十力墮在佛數。佛子。是名菩薩大乘位地。菩薩爲是位故。受無量百千萬億苦難行事。是菩薩得是位已。無量功德智慧轉增。名爲安住菩薩法雲地。

論曰隨所得位者。諸如來光明。彼菩薩迭互知平等攝受故。如經如是佛子爾時諸佛放眉間白毫相光名益一切智通如是等。云何得位如轉輪聖王長子。如經譬如轉輪聖王長子如是等。此菩薩同得位時。名爲善住此地中。如經是菩薩得是位已無量功德智慧轉增名爲安住菩薩法雲地。如是得受位分已說。云何入大盡分。入大盡分者。有五種。一智大。二解脫大。三三昧大。四陀羅尼大。五神通大。此事依五種義分別應知。一依正覺實智義。二依心自在義。三依發心即成就一切事義。四依一切世間隨利益衆生義。五依堪能度衆生義。云何智成就。

經曰。佛子。是菩薩住此菩薩法雲地。如實知欲界集色界集無色界集。如實知衆生界集識界集。有爲界集無爲界集。虛空界集法界集。如實知涅槃界集。如實知邪見諸煩惱界集。世界成壞集。聲聞行集。辟支佛行集。菩薩行集。諸佛力無畏不共佛法色身法身集。一切種一切智智集。得菩提轉法輪示滅度集。略說乃至如實知入一切法成智差別集。是菩薩以如是智通達勝慧。如實知衆生業化。煩惱化見作化。世界化法界化。聲聞化辟支佛化。菩薩化如來化。如實知一切分別無分別化。是菩薩如實知佛力持法持僧持。業持煩惱持時持。願持供養持。行持劫持。如實知智持。是菩薩如實知諸佛所有細微入智。所謂行細微入智。退細微入智。入胎細微入智。生細微入智。奮迅細微入智。出家細微入智。得菩提細微入智。轉法輪細微入智。持壽命細微入智。示涅槃細微入智。如實知法久住細微入智。是菩薩如實知諸佛所有密處。所謂身密口密意密。籌量時非時密。與菩薩授記密。攝伏眾生密。乘種種密。一切根行差別密。一切信如實所作密。如實知行得菩提密。是菩薩如實知諸佛所有入劫智。所謂一劫入阿僧祇劫。阿僧祇劫入一劫。有數劫入無數劫。無數劫入有數劫。一念劫入無量劫。無量劫入一念劫。劫入非劫。非劫入劫。有佛劫入無佛劫。無佛劫入有佛劫。有佛劫入有佛劫。無佛劫入無佛劫。過去未來劫入現在劫。現在劫入過去未來劫。未來過去劫入現在劫。現在劫入未來過去劫。長劫入短劫。短劫入長劫。短劫入短劫。長劫入長劫。如實知一切劫相相入。是菩薩如實知諸佛所有入智。所謂入凡夫道智。入微塵智。入國土身菩提智。入衆生身心菩提智。入一切處隨菩提智。入亂行示現智。入順行示現智。入逆行示現智。入思議不思議智。入世間出世間智。行示現智。入聲聞智。辟支佛智。菩薩智。如實知如來智行智。佛子。諸佛智慧如是廣大無量無邊。菩薩住此地即能得入如是智慧。

論曰是中智大復有七種應知。一集智大。二應化智大。三加持智大。四入細微智大。五密處智大。六入劫智大。七入道智大。是中初依能斷疑力應知。第二依彼身起力。第三依彼如是如是轉行力。第四依彼應化加持善集不二智作故。第五依護根未熟衆生不令驚怖。第六依命行加持捨自在意故。第七依對治意說。是中集智者。因緣集智應知。彼復隨所有分染。或淨或滅。隨所有三界處。隨所有衆生。隨染淨等心。隨所有有爲法無爲法無知知故。隨所有處虛空等。隨所說正不正法。隨所證不證。謂於涅槃隨所邪見過餘外道等彼不能證。隨所有器世間壞成。隨所有三乘。彼集差別應知。如經佛子是菩薩住此菩薩法雲地。如實知欲界集。乃至如實知入一切法成智差別集故。是中應化智者。衆生應化等差別應知。如經是菩薩以如是智通達勝慧乃至如實知一切分別無分別化故。是中煩惱見作化者。應化示煩惱染見作故。法界化者。所說法行故。彼應化一切分別無分別如實知故。是中加持智者。如經是菩薩如實知佛力持乃至如實知智持故。如經應知。是中智持者。一切智智故。此智能作一切事故。入細微智者。如經是菩薩如實知諸佛所有細微入智乃至如實知法久住細微入智故。如經應知。是中奮迅者。現行七步等應知。是中密處智者。如經是菩薩如實知諸佛所有密處。乃至如實知行得菩提密故。如經應知。是中入劫智者。所謂入劫。如經是菩薩如實知諸佛所有入劫智。所謂一劫入阿僧祇劫乃至如實知一切劫相相入故。如經應知。是中入者。平等解脫一切劫迭相入故。是中入道智者。依凡夫地依我慢行者。依信求生天者。依覺觀者。如經是菩薩如實知諸佛所有入智。所謂入凡夫道智。乃至即能得入如是智慧故。如是七種智大已說。云何解脫大。

經曰佛子。是菩薩如是通達此地行。得名菩薩不思議解脫門。無障礙解脫。淨智差別解脫。普門光解脫。如來藏解脫。隨順不退輪解脫。入通達三世解脫。法界藏解脫。解脫光輪解脫。名得菩薩一切境界無餘解脫。佛子。是菩薩十菩薩解脫門爲首。得如是等無量無邊百千萬阿僧祇菩薩解脫門。皆於第十菩薩地中得如是乃至無量無邊百千萬阿僧祇三昧。無量無邊百千萬阿僧祇陀羅尼。無量無邊百千萬阿僧祇神通。亦復如是。

論曰是中解脫大者。一依神通境界。如經佛子是菩薩如是通達此地行得名菩薩不思議解脫門故。二能至無量世界願智無礙。如經無障礙解脫故。三知世間出世間有學無學聲聞辟支佛菩薩如來解脫智等。如經淨智差別解脫故。四隨意轉事。如經普門光解脫故。五法陀羅尼。如經如來藏解脫故。六能破他言。如經隨順不退轉輪解脫故。七三世劫隨意住持。如經入通達三世解脫故。八一切法一切種因緣集智。如經法界藏解脫故。九光不離身而能普照。如經解脫光輪解脫故。十依一時知無量世界諸衆生心。如經名得菩薩一切境界無餘解脫故。是中三昧大者。如經如是乃至無量無邊百千萬阿僧祇三昧故。是中陀羅尼大者。如經無量無邊百千萬阿僧祇陀羅尼故。是中神通大者。如經無量無邊百千萬阿僧祇神通亦復如是故。如是十地入大盡分已說。云何地釋名分。

經曰。是菩薩通達如是智慧隨順菩提。成就無量念力方便畢竟。是菩薩於十方無量佛所。無量大法明。無量大法照。無量大法雨。於一念間皆悉能受能堪能思能持。佛子。譬如娑伽羅雲澍大雨聚餘地處不能受不能堪不能思不能持。唯除大海。如是佛子。一切如來祕密處。所謂大法明大法照大法雨。彼一切眾生。一切聲聞辟支佛。皆不能受不能堪不能思不能持。從初地乃至住九地菩薩。亦不能受不能堪不能思不能持。唯此住法雲地菩薩。皆悉能受能堪能思能持。佛子。譬如大海。一大龍王起大雲雨皆悉能受能堪能思能持。若二若三四五若十二十三十四十五十若百龍王。若千若萬若億若百億若千億若百千億那由他龍王。乃至無量無邊不可稱說諸大龍王起大雲雨。於一念間一時澍下。皆悉能受能堪能思能持。所以者何。大海是無量廣大器故。如是佛子。菩薩住此菩薩法雲地中。於一佛所大法明大法照大法雨。皆悉能受能堪能思能持。若二若三四五若十二十三十四十五十若百諸佛。若千若萬若億若百億若千億若百千億那由他諸佛。乃至無量無邊不可稱說諸佛所。大法明大法照大法雨。於一念間皆悉能受能堪能思能持。是故此地名爲法雲地。解脫月菩薩言。佛子。菩薩住此法雲地幾許佛所大法明大法照大法雨。於一念間能受能堪能思能持。金剛藏菩薩言。佛子。菩薩住此法雲地。於不可數不可說佛所大法明大法照大法雨。於一念間皆悉能受能堪能思能持。佛子。譬如十方所有不可說百千萬億那由他佛國土微塵數等諸世界中所有衆生彼衆生中一衆生得聞持陀羅尼。無餘爲佛持者。最大聲聞聞持陀羅尼第一。譬如金剛蓮華上佛。有名大勝比丘。聞持陀羅尼第一。其一衆生成就如是聞持陀羅尼力。如彼一衆生餘一切世界所有衆生皆亦如是成就聞持陀羅尼力。其一人所受法第二人不重受。如是一切各各不同。佛子。於意云何。彼一切衆生所受聞持陀羅尼力寧爲多不。解脫月菩薩言。佛子。彼一切衆生所受聞持陀羅尼力甚多無量。金剛藏菩薩言。佛子。我今當爲汝說。是菩薩住此法雲地。於一念間於一佛所名三世法界藏大法明大法照大法雨。皆悉能受能堪能思能持。彼大法明大法照大法雨。受持方便上說。一切衆生聞持陀羅尼力。比此百分不及一。千分不及一。百千分不及一。百千那由他分不及一。億分不及一。百億分不及一。千億分不及一。百千億分不及一。百千億那由他分不及一。乃至算數譬喻所不能及。如一佛所如前所說。十方世界微塵數等諸佛所。復過此數無量無邊諸佛所。名三世法界藏大法明大法照大法雨。於一念間皆悉能受能堪能思能持。是故此地名爲法雲地。復次佛子。是菩薩住此法雲地。自從願力起大慈悲雲。震大法雷音。通明無畏以爲電光。大智慧光以爲疾風。大福德善根爲厚密雲。現種種色身爲雜色雲。說正法雨破諸魔怨。於一念間如前所說諸世界中所有微塵如是百千萬億那由他世界皆悉遍覆。復過此數無量無邊百千萬億那由他世界亦皆遍覆澍大甘露善根法雨。滅除眾生隨心所樂無明所起煩惱塵焰。是故此地名爲法雲地。復次佛子。是菩薩住此菩薩法雲地。於一世界中從兜率天退。入胎。住胎。初生。出家。得佛道。請轉法輪。示大涅槃。一切佛事隨所度眾生得智自在。若三千大千世界乃至如前微塵數等世界。復過此數百千萬億阿僧祇世界。從兜率天退乃至示大涅槃。一切佛事隨所度眾生得智自在。

論曰是中地釋名者。有三種。一雲法相似。以遍覆故。此地中聞法相似如虛空身遍覆故。二滅塵除垢相似法。此法能滅衆生煩惱塵故。三度衆生。從兜率天退乃至示大涅槃故。漸化衆生故。如大雲雨生成一切卉物萌芽故。是中成就無量念力方便畢竟者。近說受持義故。如經是菩薩通達如是智慧隨順菩提成就無量念力方便畢竟故。復能受持衆多微密速疾持故。如經是菩薩於十方無量佛所無量大法明。如是等。是中無量諸佛無量大法明者。說衆多故。入如來微密處故。一念間者。速疾受故。聞法者。性故作故。二事示現。云何性。大法光明故。聞思智攝受故。大法照修慧智攝受故。云何作大法雨。如大雲與他法雨故。於中起信故。言受受所說字句故。言堪以能取義故。言思彼二攝受不失故。言持大海亦如是。以不濁故。言受能受一切水故。言堪餘水數入失本名故。言思用不可盡故。言持應知。如經名三世法界藏大法明大法照人法雨皆悉能受能堪能思能持。乃至是故此地名爲法雲地故。是中名三世法界藏者。於法界中三種事藏。雲雷電等譬喻相似法應知。如經復次佛子是菩薩住此法雲地自從願力。乃至是故此地名爲法雲地故。是中大智慧光以爲疾風者。風相似法。現種種色身者。隨世間種種身迴轉。雜色雲相似法故。說正法雨破諸魔怨者。雨相似法故。如是此地釋名分已說。云何神通力無上有上分。

經曰。是菩薩住在此地。於智慧中得上自在力。善擇大智通隨心所念。或以狹國爲廣。廣國爲狹。復隨心念。或以垢國爲淨。淨國爲垢。如是廣大無量亂住倒住正住等一切世界。自在力故種種能成。是菩薩復隨心念。或於一微塵中示一世界所有一切鐵圍山等。然彼微塵而不增長。若二若三四五若十二十三十四十五十。若百若千若萬若億若百億若千億若百千億若百千億那由他世界。乃至不可說不可說世界所有一切鐵圍山等。入一微塵中。然彼微塵亦不增長。是菩薩復隨心念。或以一世界莊嚴之事示二世界。復隨心念。或以一世界莊嚴之事乃至示無量不可說不可說世界。復隨心念。或以二世界莊嚴之事示一世界。乃至或以無量不可說不可說世界莊嚴之事示一世界。復隨心念。乃至或以無量不可說不可說世界眾生置一世界中。然諸眾生而不恐怖不覺不知。復隨心念。或以一世界眾生乃至置無量不可說不可說世界中。然諸眾生亦不恐怖不覺不知。復隨心念。或於一毛道示一切佛境界莊嚴之事。復隨心念。乃至或以無量不可説不可説一切佛境界莊嚴之事示一毛道。復隨心念。於一念間示現無量不可説不可説世界微塵等身。於一一身中示如是等微塵數手。以此諸手勤心供養十方諸佛。以一一手執恒河沙等花箱以散諸佛。如是花箱如是花鬘末香塗香熏香衣服寶蓋幡花寶幢一切莊嚴事亦復如是。於一一身中示如是等微塵數頭。於一一頭中示如是等微塵數舌。以此諸舌讚歎諸佛功德之事。如是等事於念念中遍滿十方。於念念中無量世界示得菩提。乃至示大涅槃莊嚴住持。於三世中示無量身。於自身中示有無量諸佛。示無量佛世界莊嚴之事。亦示世界成壞之事。或於自身一毛孔中出一切風災而不惱眾生。復隨心念。或以無量無邊世界爲一海水。此海水中作大蓮花光明莊嚴遍覆無量無邊世界。於中示現大菩提樹莊嚴妙事。乃至示一切種一切智智。或於自身示十方光明摩尼寶珠電光日月星宿諸光明等。乃至一切世界諸光明等皆於身中現。以口噓氣能動十方無量世界而不令眾生有驚怖想。示十方世界風災劫盡火災劫盡水災劫盡。隨一切眾生種種心念應現色身莊嚴成就。或以自身作如來身。以如來身作自身。以如來身作自佛國。以自佛國作如來身。如是佛子。是菩薩住此菩薩法雲地中神變如是。復過於此有餘無量無邊百千萬億那由他神通莊嚴。自在示現。

論曰是中神通力無上有上者。有六種相應知。一依內。二依外。三自相。四作住持。五令歡喜。六大勝。是中神通力無上者。比餘眾生神通力故有上者。比於如來神通力故。是中依內者。有四種。一不思議解脫。二三昧。三起智陀羅尼。四神通。如前所說。依外者。外事地等。復有外事自他身等。是中自相者。有二種。一轉外事等。二應化自身等。是中轉者。復有三種。一略廣轉。二異事轉。

三自在轉。能作一切衆生種種莊嚴等。云何略廣轉。如經是菩薩住在此地於智慧中得上自在力善擇大智通隨心所念或以狹國爲廣廣國爲狹故。云何異事轉。如經復隨心念或以垢國爲淨淨國爲垢乃至一切世界自在力故種種能成故。云何自在轉。如經是菩薩復隨心念於一微塵中示一世界乃至然諸衆生亦不恐怖不覺不知故。云何應化自身等。如經復隨心念或於一毛道示一切佛境界莊嚴之事復隨心念乃至或以不可說不可說一切佛境界莊嚴之事示一毛道故。是中作住持者。供養門等成就集助菩提法故。如經復隨心念於一念間示現無量不可說不可說世界微塵等身乃至無量無邊百千萬億那由他莊嚴自在示現故。云何令歡喜。

經曰爾時會中一切菩薩眾。及一切天龍夜叉乾闥婆阿修羅迦樓羅緊那羅摩睺羅伽四天王釋提桓因梵天王摩醯首羅淨居天等。各作是念。若菩薩神通智力能如是。無量無邊佛復云何。爾時解脫月菩薩。知諸大眾心所念已。問金剛藏菩薩言。佛子。今諸大眾。聞是菩薩神通智力墮在疑網。爲斷疑故少示菩薩神通之力莊嚴妙事。爾時金剛藏菩薩。即入一切佛國體性菩薩三昧。金剛藏菩薩入一切佛國體性菩薩三昧時。彼一切菩薩眾及一切天龍夜叉乾闥婆阿修羅迦樓羅緊那羅摩睺羅伽四天王釋提桓因梵天王摩醯首羅淨居天等。皆自見身入金剛藏菩薩身中於其身內見佛國土。彼國土中所有諸相莊嚴妙事。於百千萬億劫說不可盡。於中有道場樹。其莖周圍十萬三千大千世界。高百萬三千大千世界。覆蔭三千億三千大千世界。稱樹高廣有師子座。其座上有佛。號一切智通王如來。一切大眾咸皆見佛坐在道場樹下師子座上。其中諸相莊嚴妙事。於百千萬億劫說不可盡。金剛藏菩薩示現如是大神力已。還令一切諸菩薩眾。及一切天龍夜叉乾闥婆阿修羅迦樓羅緊那羅摩睺羅伽四天王釋提桓因梵天王摩醯首羅淨居天等各在本處。爾時一切大眾歡喜踊躍生希有想默然而住。觀金剛藏菩薩。爾時解脫月菩薩語金剛藏菩薩言。佛子。甚爲希有。此三昧神通莊嚴有大勢力。佛子。此三昧名爲何等。金剛藏菩薩言。佛子。此三昧名爲一切佛國體性。爾時解脫月菩薩問金剛藏菩薩言。佛子。此三昧境界莊嚴神通妙事爲齊幾許。金剛藏菩薩言。佛子。若菩薩隨心所念。善修成此三昧力故。能示如是佛國土微塵數等。諸佛國土自身中現。復過此數。佛子。菩薩住此菩薩法雲地。得如是等無量百千菩薩三昧。以是義故。此菩薩乃至得位菩薩及住善慧地菩薩。不能測知。若身身業難可測知。若口口業難可測知。若意意業難可測知。若神通事難可測知。若觀三世智難可測知。若入三昧境界難可測知。若智境界難可測知。若遊戲諸解脫難可測知。若應化所作。若加所作。若神力所作難可測知。乃至舉足下足所作。乃至得位菩薩及住善慧地菩薩不能測知。佛子。菩薩法雲地。如是無量今已略說。若廣說者。無量百千阿僧祇劫。無量百千萬無量百千億不能得盡。解脫月菩薩問金剛藏菩薩言。佛子。若菩薩神通行境界力如是無量。佛神通行境界力復云何。金剛藏菩薩言。佛子。譬如有人取四天下中二三豆土。作如是言。無邊世界地界爲多此耶。汝所問者。我謂如是。如來無量智慧。云何以菩薩智慧而欲測量。佛子。如人取四天下中少地界餘在極多如是。佛子。菩薩法雲地。於無量劫說但說一分。何況如來地。金剛藏菩薩語解脫月菩薩言。佛子。是諸如來證知我言。佛子。假使十方於一一方無量世界微塵數等諸佛國土十地菩薩皆滿其中。譬如甘蔗竹葦稻麻叢林。此諸菩薩於無量劫所修行業功德智慧。於如來功德智慧力百分不及一。千分不及一。百千分不及一。

百千那由他分不及一。億分不及一。百億分不及一。千億分不及一。百千億分不及一。百千億那由他分不及一。乃至算數譬喻所不能及。如是佛子。是菩薩通達如是智慧。順如來身口意業。不捨菩薩三昧力。能見諸佛。勤心供養。於一一劫中以一切種供具上上供養無量諸佛。而能具受諸佛神力所加。轉復明勝。是菩薩於法界中所有問難無能勝者。無量百劫。無量千劫。無量百千劫。無量百千那由他劫。無量億劫。無量百億劫。無量千億劫。無量百千億劫。無量百千億那由他劫。不可窮盡。佛子。譬如善巧金師善治此金爲莊嚴具。以無上摩尼寶珠間錯其中。繫在自在天王若頸若頂。其餘天人莊嚴之具無能及者。如是佛子。是菩薩住此第十菩薩法雲地中。彼菩薩不可思議智行。一切衆生一切聲聞辟支佛。從初地乃至住第九地菩薩所不能及。是菩薩住此地中。大智照光明。能令一切衆生乃至住一切智智。其餘智慧之明所不能壞。佛子。譬如摩醯首羅天王光明過一切生處眾生。光明能令眾生身心清涼。如是佛子。是菩薩住此第十菩薩法雲地中。彼智慧光明。一切聲聞辟支佛。從初地乃至住九地菩薩所不能及。是菩薩住此地中。能令一切眾生住一切智智法中。佛子。是菩薩隨順如是智慧。十方諸佛爲說智慧。令通達三世行。正知法界差別。遍覆一切世間界。照一切世間界。令一切眾生界得證法故。略說。乃至隨順得一切智智。是菩薩十波羅蜜中。智波羅蜜增上。佛子。是名略說菩薩第十菩薩法雲地。若廣說者。無量無邊阿僧祇劫不可窮盡。若菩薩住此地中。多作摩醯首羅天王具足自在。善授眾生聲聞辟支佛菩薩波羅蜜行。於法界中有問難者無能令盡。所作善業布施愛語利益同事。是諸福德皆不離念佛念法念僧念菩薩念菩薩行念波羅蜜念十地念不壞力念無畏念不共佛法。乃至不離念具足一切種一切智智。常生是心。我當於一切衆生中爲首爲勝爲大爲妙爲微妙爲上爲無上爲導爲將爲師爲尊。乃至爲一切智智依止者。復從是念發精進行。以精進力故。於一念間。得十不可說百千萬億那由他佛世界微塵數三昧。得見十不可說百千萬億那由他佛世界微塵數佛。能知十不可說百千萬億那由他佛世界微塵數佛神力。能動十不可說百千萬億那由他佛世界微塵數世界。能入十不可說百千萬億那由他佛世界微塵數世界。能照十不可說百千萬億那由他佛世界微塵數世界。能教化十不可說百千萬億那由他佛世界微塵數世界衆生。能住壽十不可說百千萬億那由他佛世界微塵數劫。能知過去未來世各十不可說百千萬億那由他佛世界微塵數劫事。能善入十不可說百千萬億那由他佛世界微塵數法門。能變身爲十不可說百千萬億那由他佛世界微塵數身。於一一身示十不可說百千萬億那由他佛世界微塵數菩薩以爲眷屬。若以願力自在勝上。菩薩願力過於此數。示種種神通。或身或光明或神通或眼或境界或音聲或行或莊嚴或加或信或業。是諸神通。乃至無量百千萬億那由他劫。不可數知。

論曰是中令歡喜者。能斷疑故。斷疑有二種。一示現自神通力。二說一切法故。云何示現自神通力。如經爾時會中一切菩薩衆及一切天龍夜叉。如是等。如是自力示現。斷衆生疑令歡喜故。云何說一切法。如經如是佛子是菩薩通達如是智慧順如來身口意業乃至轉復明勝。是菩薩於法界中所有問難無能勝者。如是等。是中大勝者。有二種。一神通力勝。二算數勝。此二種事勝一切前地故。如經說應知三世智等通故。通三種行故。一能斷疑行。如經佛子是菩薩住此地中隨順如是智十方諸佛爲說智慧令通達三世行等。三世行者。道義應知。二速疾神通行。聞說如來祕密法故。如經正知法界差別故。三等作助行。此有三種應知。一作淨佛國土平等。爲化衆生故。二作法明平等。三作正覺平等。如經遍覆一切世間界故。照一切世間界故。令一切衆生界得證法故。略說。乃至隨順得一切智智。如是等。如是此地神通力無上有上分已說。次說地影像分。是中地影像者。有四種。一池。二山。三海。四摩尼寶珠。以況四種功德故。一修行功德。二上勝功德。三難度能度大果功德。四轉盡堅固功德。云何修行功德。

經曰佛子。是菩薩十地。次第順行趣向一切種一切智智。佛子。譬如從阿耨大池流出四河。充滿閻浮提。不可窮盡。轉復增長乃至充滿大海。如是佛子。菩薩從菩提心流出善根大願之水。以四攝法充滿衆生界不可窮盡。轉復增長乃至滿足得一切種一切智智。

論曰是中修行功德者。依本願力修行。以四攝法作利益他行。自善根增長及得菩提自利益行應知。如經佛子譬如從阿耨大池流出四河乃至滿足得一切種一切智智故。云何上勝功德。

經曰。佛子。是菩薩十地。因佛智故而有差別。譬如依大地故有十大山王差別。何等爲十。所謂雪山王。香山王。毘陀略山王。仙聖山王。由乾陀羅山王。馬耳山王。尼民陀羅山王。斫迦婆羅山王。衆相山王。須彌山王。佛子。譬如雪山王。一切藥草集在其中。是諸藥草取不可盡。如是佛子。菩薩住在菩薩歡喜地中。一切世間書論技藝文誦呪術集在其中。一切世間書論技藝文誦呪術不可窮盡。佛子。譬如香山王。一切諸香集在其中。一切諸香取不可盡。如是佛子。菩薩住在菩薩離垢地中。一切菩薩持戒正受行香集在其中。一切菩薩持戒正受行香不可窮盡。佛子。譬如毘陀略山王。純淨寶性一切諸寶集在其中。一切諸寶取不可盡。如是佛子。菩薩住在菩薩明地中。一切世間禪定神通解脱三昧三摩跋提集在其中。一切世間禪定神通解脫三昧三摩跋提問答不可窮盡。佛子。譬如仙聖山王。純淨寶性五通聖人集在其中。五通聖人不可窮盡。如是佛子。菩薩住在菩薩焰地中。一切行中殊勝智行集在其中。一一切行中殊勝智行種種問難不可窮盡。佛子。譬如由乾陀羅山王。純淨寶性一切夜叉諸大鬼神集在其中。一切夜叉諸大鬼神不可窮盡。如是佛子。菩薩住在菩薩難勝地中。一切自在如意神通變化莊嚴集在其中。一切自在如意神通變化莊嚴問答不可窮盡。佛子。譬如馬耳山王。純淨寶性一切眾果集在其中。一切眾果取不可盡。如是佛子。菩薩住在菩薩現前地中。說入因緣集觀集在其中。說入因緣集觀聲聞果證問答不可窮盡。佛子。譬如尼民陀羅山王。純淨寶性一切大力龍神集在其中。一切大力龍神不可窮盡。如是佛子。菩薩住在菩薩遠行地中。種種方便智集在其中。種種方便智說辟支佛果證問答不可窮盡。佛子。譬如斫迦婆羅山王。純淨寶性得自在眾集在其中。得自在眾不可窮盡。如是佛子。菩薩住在菩薩不動地中。起一切菩薩自在道集在其中。起一切菩薩自在道。說一切世間界差別問答不可窮盡。佛子。譬如眾相山王。純淨寶性諸大阿修羅眾集在其中。諸大阿修羅眾不可窮盡。如是佛子。菩薩住在菩薩善慧地中。知一切眾生逆順行集在其中。知一切眾生逆順行。說一切世間生滅相問答不可窮盡。佛子。譬如須彌山王。純淨寶性諸大天眾集在其中。諸大天眾不可窮盡。如是佛子。菩薩住在菩薩法雲地中。如來力無畏不共佛法集在其中。如來力無畏不共佛法示現佛事問答不可窮盡。佛子。此十大寶山王同在大海。因大海得名。如是佛子。菩薩十地同在一切智。因一切智得名。

論曰是中上勝功德者。依一切智增上行十地故。如經佛子是菩薩十地因佛智故而有差別。譬如依大地故有十大山王差別故。是中純淨諸寶山喻者。喻八種地。厭地善清淨故。復次諸山王非眾生數。眾生數依故。非眾生數者。有二種。一受用事。二守護積聚寶事等。是中受用事者。有二種。一眾生四大增損對治。二長養眾生依雪山香山毘陀略山馬耳山。此四山非眾生數依故。藥草眾香眾寶一切果集在其中。一切果者。第六山中眾生數者。復有六種難對治故。六種難者。一貧難。二死難。三儉難。四不調伏難。五惡業難。六怨敵難。第四山中五通福田對治貧難。第五山中夜叉大神神通變化對治死難。第七山中諸大龍王對治儉難。第八山中得自在眾對治不調伏難。第九山中阿修羅說呪對治惡業難。第十山中自在四天王對治怨敵難。此一切山集在其中者。如所說事能生一切物故。言集在其中不可窮盡者。順行不斷不休息故。彼十大山因大海得名。大海亦因大山得名。菩薩十地亦復如是。同在一切智因一切智得名。彼因果相顯故。如經佛子此十大寶山王同在大海。因大海得名。如是佛了菩薩十地同在一切智。因一切智得名故。

云何難度能度大果功德。

經曰佛子。譬如大海以十相故數名大海無有能壞。何等爲十。一漸次深。二不受死屍。三餘水失本名。四同一味。五無量寶聚。六甚深難度。七廣大無量。八多有大身衆生依住。九潮不過限。十能受一切大雨無有厭足。如是佛子。菩薩行以十相故數名菩薩行無有能壞。何等爲十。所謂菩薩歡喜地中。漸次起大願故。菩薩離垢地中。不共破戒死屍住故。菩薩明地中。捨諸世間假名數故。菩薩焰地中。恭敬三寶得一味不壞故。菩薩難勝地中。無量方便智起世間所作寶故。菩薩現前地中。觀甚深因緣集法故。菩薩遠行地中。以無量方便智。善擇諸法故。菩薩不動地中。示現起大莊嚴事故。菩薩善慧地中。得甚深解脱通達世間行。如實所證不過限故。菩薩法雲地中。能受一切諸佛大法明雨無有厭足故。

論曰是中難度能度大果功德者。因果相順故。十地如大海難度能度。得大菩提果故。大海有八種功德應知。一易入功德。如經漸次深故。二淨功德。如經不受死屍故。三平等功德。如經餘水失本名故。四護功德。如經同一味故。五利益功德。如經無量寶聚故。六不竭功德。謂深廣等。如經甚深難度故。廣大無量故。七住處功德。以大衆生依住故。如經多有大身衆生依住故。八護世間功德。潮不過時受水無厭。如經潮不過限故。能受一切大雨無有厭足故。大海相似法菩薩十地行。亦有十種相應。如經如是佛子菩薩行以十相故。數名菩薩行。無有能壞故。如是等。云何轉盡堅固功德。

經曰佛子。譬如大摩尼寶珠過十寶性。一出大海。二巧匠善治。三善轉精妙。四善清淨。五善淨光澤。六善鑽穿。七貫以寶縷。八置在琉璃高幢。九放一切光明。十隨王意雨衆寶物能與一切衆生一切寶物。如是佛子。菩薩發薩婆若心過十聖性。一初發心布施離慳。二善修持戒正行明淨。三善修禪定三昧三摩跋提令轉精妙。四菩提分善清淨。五方便神通善淨光澤。六因緣集觀善鑽穿。七種種方便智縷善貫穿。八置於自在神通幢上。九觀衆生行放多聞智慧光明。十諸佛授智位。爾時能爲一切衆生現作佛事。即名得薩婆若。

論曰是中轉盡堅固功德者。大摩尼寶喻。如經佛子譬如大摩尼寶珠等故。過十寶性者。摩尼寶過毘琉璃等以出故取。乃至放一切光明示現此寶。有八種功德攝故。八種功德者。一出功德。選擇而取以善觀故。二色功德。巧匠善治故。三形相功德。善轉精妙故。四無垢功德。善清淨故。五明淨功德。善淨光澤故。六起行功德。善鑽穿故。貫以寶縷故。置在琉璃高幢故。此三句示現七神力功德。放一切光明遍照一切處故。八不護功德。隨王意雨衆寶物。能與一切衆生一切寶物。正智受位故。一切衆生同善根藏故。過十聖性者。過聲聞辟支佛等性故。聲聞有八種性。四行四果差別故。辟支佛有二種性。行果差別故。如是十地影像分已說。云何地利益分。

經曰佛子。是菩薩行善集一切種一切智智功德集法門品。若眾生不深種善根者。不能得聞。解脫月菩薩言。佛子。此集一切種一切智智功德集法門品。若得聞者。此人成就幾許功德。金剛藏菩薩言。佛子。隨一切智智所攝觀集諸功德。此集一切種一切智智功德集法門品亦復如是。此人得聞此法門。所得功德亦復如是。何以故。佛子。若非菩薩不得聞此集一切種一切智智功德集法門品。何況能信。何況能持。何況正修。行說此經時。以佛神力。以得法力。十方世界十億佛土微塵數等諸佛世界。六種十八相動。所謂動遍動等遍動。踊遍踊等遍踊。覺遍覺等遍覺。起遍起等遍起。震遍震等遍震。吼震吼等遍吼。以佛神力以得法力故。雨種種天花如雲而下。雨天衣雨天寶。雨天莊嚴具雨天蓋雨天幡。雨天幢雨天伎樂。雨天音聲。讚歎一切智地。及讚十地殊勝之事。如此世界四天下。他化自在天中自在天王宮摩尼寶藏殿説十地法。如是十方一切世界周遍皆説此十地法。以佛神力故。十方過十億佛土微塵數等世界。有十億佛土微塵數等諸菩薩來集遍滿十方虛空。到已皆作是言。善哉善哉。佛子。善説菩薩住諸地相。佛子。我等一切亦名金剛藏。從名金剛勝世界金剛幢佛所來。彼一切世界皆承佛神力説此法門。衆會亦如是。字句亦如是。釋名亦如是。義趣亦如是不增不減。佛子。是故我等承佛神力。來到此衆爲證是法。佛子。如我等來至此衆。如是十方一切世界。一一世界中四天下。上他化自在天中自在天王宮摩尼寶藏殿。皆有十億佛土微塵數等菩薩往爲作證。爾時金剛藏菩薩摩訶薩承佛神力説此經時。如來隨喜。彼一切菩薩衆。及一切天龍夜叉乾闥婆阿修羅迦樓羅緊那羅摩睺羅伽四天王釋提桓因梵天王摩醯首羅淨居天眾皆大歡喜。佛在他化自在天中成道未久第二七日自在天王宮摩尼寶藏殿。金剛藏菩薩說歡喜奉行。

論曰是中地利益者。有二種。一生信功德。二供養功德。復次此法門中。決定信說大利益義示現。如經佛子是菩薩行善集一切種一切智智功德集法門品。如是等。解脫月菩薩言。如是等。金剛藏菩薩言。如是等故爲於此經中生信得功德。復生信功德緣生義故。以神通力示現六種十八相動。如經說此經時以佛神力以得法力故。如是等。是中六種動者。一動。二踊。三上去。四起。五下去。六吼。十八相此六種動等相。下中上如是次第應知。器世間中。依四種眾生聚。一依不善眾生。二依信種種天眾生。三依我慢眾生。四依呪術眾生。爲此眾生下中上次第差別故。動乃至吼。如是十八句異義應知。如是生信功德及緣生義已說。是中供養功德者。如經雨種種天華如雲而下。如是等。一切世界說此法門示現爲無量法門利益眾生示現。如經如此世界四天下。如是等餘者易解。

十地經論法雲地第十　卷之十二竟

國家圖書館出版品預行編目資料

華嚴十地經論 /天親菩薩造 ;(後魏)北印度三藏
菩提流支譯--2版. -- 臺北市 : 方廣文化 : 2011.07
面 ; 公分
ISBN 978-986-7078-32-2(平裝)

1. 華嚴部

221.2 100009423

華嚴十地經論

作　　者：天親菩薩 造
譯　　者：(後魏)北印度三藏菩提流支
出　　版：方廣文化事業有限公司
住　　址：106台北市大安區和平...
電　　話：886-2-2392-0003
傳　　真：886-2-2391-9603
網　　址：http://www.fangoan.com.tw
電子信箱：fangoan@ms37.hinet.net
美編設計：Ray Ko
印製規劃：鎏坊設計工作室
出版日期：西元2011年7月 2版1刷
定　　價：新台幣360元(平裝)
劃撥帳號：17623463　方廣文化事業有限公司
經 銷 商：飛鴻國際行銷有限公司
電　　話：886-2- 8218-6688
傳　　真：886-2- 8218-6458
Printed in Taiwan
行政院新聞局出版登記證：局版臺業字第六〇九〇號
ISBN：978-986-7078-32-2

◎地址變更：2024年已搬遷
通訊地址改爲106-907
台北青田郵局第120號信箱
(方廣文化)

方廣文化出版品目錄〈一〉

夢參老和尚系列
書籍類

● 華嚴
H203 淨行品講述
H224 梵行品新講
H205 華嚴經普賢行願品講述
H206 華嚴經疏論導讀
H208 淺說華嚴大意
HP01 大乘起信論淺述

● 般若
B401 般若心經
B406 金剛經

● 地藏三經
地藏經
D506 地藏菩薩本願經講述 (全套三冊)

占察經
D504A 占察善惡業報經新講
D509 占察善惡業報經講記
(附HIPS材質占察輪及修行手冊)

大乘大集地藏十輪經 D507 (全套六冊)
D507-1 地藏菩薩的止觀法門 (序品 第一冊)
D507-2 地藏菩薩的觀呼吸法門 (十輪品 第二冊)
D507-3 地藏菩薩的戒律法門 (無依行品 第三冊)
D507-4 地藏菩薩的解脫法門 (有依行品 第四冊)
D507-5 地藏菩薩的懺悔法門 (懺悔品 善業道品 第五冊)
D507-6 地藏菩薩的念佛法門 (福田相品 獲益囑累品 第六冊)

方廣文化出版品目錄〈二〉

夢參老和尚系列

書籍類

●楞嚴

LY01 淺說五十種禪定陰魔 —《楞嚴經》五十陰魔章

●開示錄

S902 修行
Q904 向佛陀學習

DVD

D-1A 世主妙嚴品《八十華嚴講述》(60講次30片珍藏版)
D-501 大乘大集地藏十輪經 (上下集共73講次37片)
D-101 大方廣佛華嚴經《八十華嚴講述》
(繁體中文字幕 全套482講次 DVD 光碟452片)

CD

P-05 金剛般若波羅蜜經 (16片精緻套裝)

錄音帶

P-02 地藏菩薩本願經 (19卷)
P-03 八大人覺經 (3卷)

方廣文化出版品目錄〈三〉

地藏系列	D503 地藏三經 (地藏菩薩本願經、大乘大集地藏十輪經、占察善惡業報經) D250 占察輪 (HIPS材質 附地藏像及修行手冊)
華嚴系列	H201 華嚴十地經論 H202 十住毘婆沙論 H207 大方廣佛華嚴經 (八十華嚴) (全套八冊)
般若系列	B402 小品般若經 B403A 大乘理趣六波羅蜜多經 B404A 能斷金剛經了義疏 (附心經頌釋) B408 摩訶般若波羅蜜經 (中品般若) (全套三冊)
天台系列	T302 摩訶止觀 T303 無量義經 (中摺本) T304 觀普賢菩薩行法經 (中摺本)
部派論典系列	S901A 阿毘達磨法蘊足論 Q704 阿毗達磨俱舍論 (全套二冊) S903 法句經 (古譯本) (中摺本)
瑜伽唯識系列	U801 瑜伽師地論 (全套四冊) U802 大乘阿毗達磨集論 B803 成唯識論 B804 大乘百法明門論解疏 B805 攝大乘論暨隨錄
憨山大師系列	HA01 楞嚴經通議 (全套二冊)

方廣文化出版品目錄〈四〉

密宗系列

M001 菩提道次第略論釋 (全套四冊)
M002 勝集密教王五次第論
M003 入中論釋
M004 大乘寶要義論(諸經要集)
M006 菩提道次第略論
M007 寂天菩薩全集
M008 菩提道次第廣論
M010 菩提道次第修法筆記
M011 白度母修法(延壽法門修法講解)

能海上師系列

N601 般若波羅蜜多教授現證莊嚴論名句頌解
N602 菩提道次第論科頌講記
N345 戒定慧基本三學
N606 能海上師傳
N607 現證莊嚴論清涼記
N608 菩提道次第心論

論頌系列

L101 四部論頌
(釋量論頌 現證莊嚴論頌 入中論頌 俱舍論頌)
L102 中觀論頌 (中摺本)
L103 入菩薩行論頌 (中摺本)
L104 彌勒菩薩五部論頌
L105 龍樹菩薩論頌集
L106 中觀論頌釋
R001 入中論頌 (小摺本)

方廣文化出版品目錄〈五〉

南傳佛教系列

SE01 內觀基礎
SE03 阿羅漢的足跡
SE04 緬甸禪坐
SE05 七種覺悟的因素
SE06 南傳大念處經 (中摺本)

其他系列

Q701 單老居士文集
Q702 肇論講義
Q703 影塵-倓虛老法師回憶錄
Q705 佛學小辭典 (隨身版)

方廣文化事業有限公司
http://www.fangoan.com.tw